丛书编委会

大家精要

唐君毅

胡治洪 著

陕西师范大学出版总社

Tang Junyi

图书代号 SK17N0233

图书在版编目（CIP）数据

唐君毅 / 胡治洪著. —西安：陕西师范大学出版总社有限公司，2017.5（2024.1重印）

（大家精要）

ISBN 978-7-5613-9049-8

Ⅰ.①唐…　Ⅱ.①胡…　Ⅲ.①唐君毅（1909—1978）—传记　Ⅳ.①K825.1

中国版本图书馆CIP数据核字（2017）第091468号

唐君毅　TANG JUNYI

胡治洪　著

责任编辑	郑若萍	
责任校对	陈柳冬雪	
封面设计	张潇伊	
出版发行	陕西师范大学出版总社	
	（西安市长安南路199号　邮编710062）	
网　址	http://www.snupg.com	
印　制	永清县晔盛亚胶印有限公司	
开　本	650 mm×930 mm　1/16	
印　张	10	
字　数	100千	
版　次	2017年5月第1版	
印　次	2024年1月第2次印刷	
书　号	ISBN 978-7-5613-9049-8	
定　价	45.00元	

读者购书、书店添货或发现印刷装订问题，请与本公司销售部联系、调换。

电话：（029）85303879　　传真：（029）85307864　85303629

目 录

引　言

　　唐君毅是 20 世纪文化中国最重要的哲学思想家之一。他承续儒家内圣成德之教，通过体知、推扩和形上提升而确立了普遍的道德性的"心之本体"范畴，并以"心之本体"作为生命存在层层提升的终极指向，创构了一个囊括人类各种心灵活动以及各大文化系统的"生命三向与心灵九境"体系，从而在肯定人类各种心灵活动以及各大文化系统的必然合理性的前提下，特别彰显了儒家从尽性立命达至天德流行境界的至上性，为自西方文艺复兴以降因迅速外转、下转而日益沉沦的当今人类指明了应然的价值取向。以"心之本体"为终极指向的"生命三向与心灵九境"体系因而既是一个超凡入圣的道德理想主义哲学体系，同时也是一个深刻严峻的批判现实主义哲学体系。

　　唐君毅的哲学思想，乃是生发于其渊博的学问基础之上。从儿时开始，他就秉承家学而打下了比较扎实的中国传统学术根基。新文化运动时期，他与当时许多青年一样，也受到欧风美雨的洗礼，曾对中国传统产生过疏离感甚至有所反抗，"今日青年目空古人之罪，吾皆尝躬蹈之"。因此，从中学时代直到 30 岁以前，他所究心与服膺者，几乎全在西方哲学与文化。从起初特别尊崇纯理智的科学哲学，到喜欢新实在论的潜在共相说，再从超越一往平铺的新实在论，到心服康德、黑格尔的层层升高的唯心论；"由此再来看中国先秦儒家宋明理学佛学，才知先秦儒家宋明理学佛学，又有超过西方唯心论者之所在"，这样，经过"自己从自己之成见中，逐渐杀出血路来的历史"，唐君毅又回归到中国传统学术的根基之上。但是，这种回归不仅已经获得厚重的学术积淀，而且打通了继续出入中西的路径，唐君毅由此对西方哲学与文化中的理想主义和人文精神有了深入而持续的把握，这正是他哲学思想的资源之一。

对于中国传统学术文化，唐君毅的研究更加广泛精深，自先秦诸子、汉唐三教及玄学、宋明理气心性之学、清代训诂考据之学乃至中国文学与艺术等，皆有论及。这方面的研究成果，集中体现于其《中国哲学原论》之《导论篇》《原性篇》《原道篇》《原教篇》之中。《导论篇》分别围绕理、心、名、辩、言、默、致知格物、道、太极、命等中国哲学的主要范畴或命题，次序排比涉论诸家之义理，并出以己说，实为一部以范畴或命题为中心的中国哲学发展史。《原性篇》纵论春秋以迄明清儒、道、玄、佛诸家言性之观点，俨然一部中国人性论史。《原道篇》《原教篇》二篇，前者主要阐述隋唐以上儒、墨、道、法、名、阴阳、玄、佛诸家思想大旨，后者则专论宋明以降儒家各派精神实质，两篇合观，则成一部以思想人物为中心的中国哲学发展史。《中国哲学原论》以及其他大量关于中国学术文化研究的论著，奠定了唐君毅在当代中国学术界的重要地位。他这方面的论著，成为今天研究中国传统学术文化的学者不可忽略的必读书。而唐君毅从中国传统学术文化特别是儒家思想中所发现的心之自觉性、主宰性、道德性以及超越性，乃是他体认并确立"心之本体"并创构以"心之本体"为最高指向的"生命三向与心灵九境"哲学体系的基本思想资源。另外，唐君毅对印度、伊斯兰宗教文化也有不同程度的涉猎，从中同样认识到心体的存在与活动，由此更加确信"心之本体"范畴的普遍性；其哲学体系也由于具有这方面的思想背景，因而更加具有涵盖性。

除学术研究、思想创发和著书立说之外，唐君毅生命存在的另一种主要方式是教书育人。从1933年至1948年，他断断续续在体制内大学任教十余年。20世纪40年代后期，他曾被借聘于私立灵岩书院、江南大学，并应邀到兴办于鹅湖书院旧址的私立信江农业专科学校讲学，一度试图恢复鹅湖书院。这些经历使他对同人性讲学机构产生憧憬，终于在1950年与钱穆先生等共同创办了香港新亚书院。从筚路蓝缕到成就斐然，唐君毅为新亚的发展付出了后半生的大量心血，在书院管理和教学方面作出了巨大贡献。唐君毅的教育理想，就是要以师生共学、德业相砥的书院为基地，进而面向广阔的社会，运用言教和文教形式，广泛培养读书种子，以传承道德理念与人文精神，使花果飘零的中国文化重新灵根自植。他在新亚期间动念执笔，并商请牟宗三、徐复观、张君劢诸先生共同签署而于1958年元旦发表的《中国文化与世界》宣言，虽然立意在于向世界人士申论中国文化的生命力和优长点，但切近的意旨当在启导文化中国的华夏族裔特别是青年一代保持文化自信，坚守民族传统，以与暂居强势的西方文化一争剥复。

唐君毅天赋仁厚，终生恻怛，悲天悯人，不容自已。他秉持恻怛性情而体天心，观大化，究古今，通人文，确认天人之究极层面乃一超越而内在的道德心体充盈周流。他始终立足于"观乎天文以察时变，观乎人文以化成天下"的文化意识宇宙中，接续孔孟内圣成德之教而执着地开拓价值之源，并依此价值之源而进行道德实践，以期转化价值失落、理想沉沦、生命物化的现实人生，从而成就一个"文明以止"的人文世界。他以其恻怛性情、道德理想、深弘哲思、博大学问以及谆谆教言，而成为一位"文化意识宇宙中之巨人"。

第 1 章

少年立志

出生与家世

1909 年 1 月 17 日（清光绪三十四年十二月二十六日），川东南宜宾县柏溪镇周坝村一户唐姓人家诞生了一个男婴，他就是最终以"文化意识宇宙中之巨人"完成了自己的现代新儒家大哲唐君毅。

唐氏祖籍原为粤东五华客家，约在清朝初年唐君毅高祖的祖父时，因粤东岁荒而迁入四川，初为制糖店佣工，嗣后自行经营糖业生意，以致发家，遂在柏溪购地业农，成为宜宾人氏。至高祖时，唐家已颇有田产。曾祖东山公好读书而见识广，尝谓"人不读书便愚蠢。书要读，官可以不做"，于是将儿子，也就是唐君毅的祖父树寅公送入学塾就读。树寅公未冠而殁，其遗腹子即唐君毅的父亲迪风公。

迪风公名烺，生于光绪十二年（1886）五月十七日，初字铁风，后改字迪风，别字渊嘿。长身美髯，性情刚直，有豪侠气。其母卢氏一生苦节，因而事母至孝，终生感念。年十八应童子试，为乡中末科秀才。旋就学于成都叙属联中及法政专门学校，受革命风潮影响，曾自剪发辫。1912年民国建立，受聘为《国民公报》主笔，立论主持正义，不为不义屈，不为权势移；曾对当时党人文士之趋炎附势痛加挞伐，斥为"武士头颅文士笔，竟纷纷化作侯门狗"！终生不仕，唯传道授业于川中，期以正道改易社会风气。先后执掌省立第二中学、省立第一中学、省立第一师范、重庆联合中学、省立第二女子师范、南充中学、华西大学、成都大学、四川大学教席，后更与彭云生、吴芳吉、蒙文通、刘鉴泉等蜀中硕学创办敬业书院，被推任院长。其学问初与儒学并不相契，曾出题命学生历举孔子之失。1920年，因痛感母亲逝世，乃返其本而求诸圣贤之书，遂归宗儒家，以至1925年游学南京支那内学院时，当面向欧阳竟无大师明志曰："弟子不愿学佛，愿学儒。"其儒学成就被吴芳吉先生推尊为蜀中学问之正；彭云生先生则谓其学问直截透辟近于陆象山，艰苦实践近于李二曲。1931年5月10日因染时疫而卒于乡，享年45岁。终生无他嗜好，唯爱买书读书，尝言"书是时时要读的，而饭是有时可以不吃的"，故于逝世后有友人挽之曰："无钱买米，有钱买书。"主要著述有《孟子大义》《诸子论释》《志学谀闻》《广新方言》《治学日记》以及语录、诗集、文集等，其中唯《孟子大义》一种，因彭云生于1931年刊印并由《学衡》杂志转载，遂得以传世，余皆毁佚。《孟子大义》后复由唐君毅根据《学衡》所载，于1974年重刊于香港。

唐君毅母亲陈氏，名大任，字卓仙，清光绪十三年（1887）二月十二日生于宜宾县窦坝村。年轻时曾就读于其父勉之公任教的成都淑行女校。18岁时与迪风公成婚。婚后除有两年时间任教于简阳女子师范及省立第二女子师范外，余皆尽瘁于养育子女，操持家务。其时唐家已颇清贫，迪风公去世后家境更形拮据，但甘苦食淡，善为调处，守志抚幼，教子成人。为人见识超拔，性格果毅，更兼才思美赡，凡有感于山川风物、世道国运、家事人情，乃至怀亲悼亡、训子弄孙，每每发为吟咏，有《思复堂遗诗》五卷凡二百余篇存世。欧阳竟无大师称其作品"哀音促节，至性动人"；赞其性情"悲天悯人而不碍其乐天知命"；并推尊其德乃"直接孟母之贤，岂陶母、欧母之所可毗引"。李证刚先生则评之曰："诸章皆以肫挚之情，寄于真朴之笔，一片性灵，奚假雕饰？诗之言志，实际在斯。由此进而游心物初，颐神道腴，直入三百篇之室矣！章法整饬，气韵醇茂，盖其余事。"1964年2月26日病逝于苏州寓所，享年77岁。《思复堂遗诗》后由唐君毅于1973年刊印于香港。

迪风公与陈太夫人育有子女六人：长子君毅；二女至中；三女德叔，早夭；四女恂季；五子慈幼；六女宁孺。

儿时的陶养

在充满人文气息和安恬亲情的家庭氛围中，唐君毅开始了他的人生历程。半岁时，唐君毅随父母离开"东去江声流汩汩，南来山色莽苍苍"的故乡，迁居成都。当时母亲正在淑行女校读书，学校实行寄宿制，学生只有周末才能回家，故襁褓中的唐君毅日常间均由家人抱至学校就乳。及至稍长，母亲便开始教他识字。《思复堂遗诗》有《为长子毅五旬生日作》一首，其中记唐君毅幼年情形曰："三岁免怀，忘其美丑。喜弄文墨，凡百好求。趋庭问字，意义必究。憨态孜孜，恐落人后。"五岁时，母亲到简阳女子师范任教，唐君毅与父亲留居成都。父亲亦终日忙于教学，故唐君毅常常是独自在家，于寂寞中作沉思冥想，每至日昏天晦，风雨鸡鸣，便若不胜其情，仰望天穹之广阔无际，则不禁为之震骇，由此萌发恻怛的情苗和超越的思绪。当时父亲便说唐君毅有哲学头脑，但幼年唐君毅却并不知哲学为何物。

从6岁起，唐君毅在父亲指教下，开始渐次诵读《老子》《说文解字》、唐诗、司空图《诗品》等古籍。迪风公因平生最佩服章太炎先生，故又嘱唐君毅阅读章氏新编白话文《教育经》，其内容包括文字学和诸子学。直至10岁以前，迪风公未尝以儒家经典教授唐君毅。由于唐君毅凤慧，故常常得到亲友的夸奖，母亲于是谆谆教诫道："锅盖揭早了，饭就烧不熟了。"唐君毅铭记母训，终无骄矜之色和自满之意。

1919年春，唐君毅进入成都省立第一师范附小，直接就读高小。在众多师长中，他印象特别深刻的是国文课教师萧仲仑先生。萧先生白发飘然，超凡脱俗，俨若天人，人称"萧神仙"；不仅国学造诣深厚，而且精通中医。当时萧先生为学生讲授《庄子》诸篇。《庄子》文章的恢诡谲怪、汪洋恣肆，加上萧先生形象生动、神采飞扬的讲解，对唐君毅产生了强大吸引力，由此既启发了他的心智，更培养了他对中国古代思想文化的浓厚兴趣，以至于多年之后他在《怀乡记》中回忆这段读书生活时还说："对于高小学生，以《庄子》为教材，现在人一定要以为太不适合儿童心理。但是我对'北溟有鱼''庖丁解牛'，当时亦能感趣味。我后来学哲学，亦许正源于此。"

　　课余假日，唐君毅常随父母游览成都名胜古迹。城内的文庙、关岳庙，东门外的薛涛井和望江楼，南门外的武侯祠，西门外的杜甫草堂，北门外的昭觉寺，以及城外西南郊的青羊宫、二仙庵，都留下过他们的屐痕。每至一处，迪风公都对唐君毅讲述与该处有关的人物故事以及门联碑碣的意义，引领他向往哲先贤致敬。这种在游兴盎然中随处指点的方式，潜移默化地陶冶了唐君毅对于民族传统的温情与敬意，使他得以终生受用。也是在《怀乡记》中，唐君毅回忆道："我几岁时的事，许多都忘记了。但是我总记得当时父母带我游草堂寺、武侯祠、青羊宫的情形。无论是在诸葛武侯、杜工部、黄山谷、陆放翁，及老子的像前，我父亲总是要我行礼。记得一次，在青羊宫八卦亭前，对穿黄袍的老子行礼。此事至今犹依依如在目前。我常想我到今日还能对中国古人有一厚道的心情，去加以尊敬，亦许都由于在幼小时期，我父亲对我这种教育。"在《中国之祠庙与节日及其教育意义》中，唐君毅也曾回忆说："他（指迪风公）对我幼年时的教育，即常是到这些地方去游览时，即为我讲杜甫、诸葛亮等人物的事。有时与我解释解释对联及碑碣上的文字。这些教育，细回想起来，其对我之一生之影响实是最大的。我所以对中国文化尚有尊崇之心，实植根于此。"

立志与致曲

1921 年，迪风公应聘任教于重庆联合中学。同年秋，唐君毅也考入该校。全家遂迁居重庆。唐君毅在中学第一年的国文课教师就是迪风公。当时迪风公虽已归宗儒家，但对诸子之学仍一概予以平情的对待，故授课杂以孔、孟、老、庄之文为教材。不过，迪风公私下对唐君毅的教育，则以儒学为主。他曾为唐君毅诵讲《孟子·公孙丑下》之"孟子去齐"章，细绎孟子"三宿而出昼"的用心，致使唐君毅深为古仁人之心所感动，以至怆然泣下。迪风公还专门为唐君毅购买清儒孙奇逢《理学宗传》一书，嘱其自修以明儒学统绪，这就与中学第二年蒙文通先生讲授的宋明儒学课程相得益彰，为唐君毅打下了比较坚实的儒学基础。在此基础上，唐君毅初步形成了发愤为学、希圣希贤、高扬中华文化的志向。在 15 岁生日的日记中，他赋诗明志曰："孔子十五志于学，吾今忽忽年相若。孔子十七道中庸，吾又何能自菲薄？……孔子虽生知，我今良知又何缺？圣贤可学在人为，何论天赋优还劣。"又曰："泰山何崔巍，长江何浩荡。郁郁中华民，文化多光芒。非我其谁来，一揭此宝藏。"

从唐君毅最终的成就反观他这些少时咏怀的诗句，可以说，这些诗句并非他一时兴起的游戏之作，在总体上，这些诗句正是唐君毅此后数十年人生践履的如实概括。

但是，15 岁少年立下的志向，或许注定是要经历一些曲折偏颇的，否则其人生道路就过于平直，其生活色彩就过于单调，其学识结构就过于简单，其思想视域也就过于狭窄；而果真如此，唐君毅可能也就成就不了一位"文化意识宇宙中之巨人"了。20世纪20年代，既是中国现代史上社会最为混乱动荡的时期之一，同时也是思想界最为活跃复杂的时期之一。自1915年发生的新文化运动，以其对民族传统愈益激烈的否定，在观念领域中打扫出大片空白地带。与此同时，进化论、互助论、无政府主义、实用主义、马克思主义、柏格森主义、叔本华哲学、尼采哲学、新实在论、新康德主义、新黑格尔主义等西方学说则如潮水一般涌入中国。诸多思想派别在中国历史与现实的背景下经过相互摩荡，逐渐形成了自由主义、马克思主义、文化保守主义三大主流思潮，同时作为官方意识形态的三民主义也在力争占领思想空间，国家主义一度也相当盛行。生活于新文化运动输入四川之要冲的重庆，更兼生活于对社会思想变动最为敏感的青年学子中间，同样具有年轻人心思的唐君毅自不可能超然于形形色色的思潮之外，而或多或少会受到影响。当时唐君毅曾逐期阅读《新青年》《向导》《创造周报》以及《时事新报》副刊《学灯》、《民国日报》副刊《觉悟》、《晨报》副刊《晨报副镌》等具有不同思想倾向的报刊，积极关注正在热烈进行的"科学与人生观"论战，参加校内学生组织"克社"；一方面不愿随波逐流而要融贯中西古今，另一方面又不免趋新求异而对传统表现出逆反态度。此时他读《孟子》，不再遵从迪风公所主之"性善"说，而认为孟子乃是主张性有善恶，为此与迪风公断断争辩，不肯折服。他读梁启超先生《人生目的何在》一文，不满于梁先生列述诸多人生追求而终未给出人生目的之究竟，从而认为人生的终极目的不过在于求得内心的快乐。他读梁漱溟先生《东西文化及其哲学》，认同梁先生以佛教作为人类文化归宿的观点，但对梁先生又提倡儒学则颇以为怪，特别对梁先生崇尚直觉不以为然，认为直觉纯任主观，最不可靠，若一切依凭直觉，即无道理可说，因而只有理性才是可靠的，由此反映出他对知解的重视而对体悟的隔膜。他尤其厌恶传统的名分礼仪，在《怀乡记》中，他回忆道："我十六岁才回乡，以前从未上坟，亦无祖宗之观念。记得祖母在时，她从故乡到成都，总是带一本家谱。每见我无聊，便说你何不看看家谱。我觉非常好笑，家谱有什么好看呢？而且我在十三四岁时，便看了新文化运动时反对跪拜的文章，故以后回乡，亦不再上坟，祭祀时亦不跪拜，若以此为奇耻大辱。"他这种态度直到父亲去世才开始转变，一如迪风公在母亲去世后发生思想转折一样。

也就在 15 岁那年，唐君毅承父母之命和媒妁之言，与省立第二女子师范学生刘志觉订婚。刘志觉信仰国家主义，具有强烈的政治情结，因此与唐君毅的思想分歧较大，两人时常发生矛盾。16 岁时，唐君毅的八叔祖致信迪风公，命将唐君毅过继给寡居的大伯母。唐君毅对此极力反对，认为大伯母已有一女，按照时新观念，男女平等，故没有必要再将自己过继。但唐君毅终究拗不过传统观念，于是在这年冬天随父母回到故乡，向大伯母行了过继之礼。这是唐君毅自半岁时离开故乡后的首次回乡，其时他在重庆联合中学的学业已经完成，此后，他便走向了南北求学的广阔天地。

第 2 章

南北求学

从中俄大学到北京大学

1925 年秋，唐君毅与五六位中学同学一道赴北京求学。当时正值国民革命军北伐前夕，青年学子大多趋向进步，而进步之标准，又主要取决于是否接受马克思主义。在这种时尚影响下，唐君毅首先选择了就读中俄大学。

唐君毅进入中俄大学的动机，是想借此了解俄国社会主义革命及其建设情况，并了解中俄关系现状，还想系统深入地研读马克思、列宁的著作。经过一段学习，唐君毅感到，自己虽然赞成社会财富为全体社会成员所有、社会成员按劳分配、只有分工不同而无地位差异的社会主义理想，但基于他的生活陶养、学思背景和个人禀赋，却无法理解以生产力和生产关系的矛盾运动作为人类社会历史一切现象之最终动因的观点，特别不能接受以唯物论解释道德良心的发生及其作用。在当时的唐君毅看来，心灵与物质乃是两种具有本质差别的存在，心灵能自觉，而物质则不必能自觉；物质固然有其存在的原因，而心灵则亦另有其存在的原因；具体到人身来说，心灵虽然寓居于物质性的身体之中，但身体对于心灵只是一种束缚，心灵对于身体则永远在寻求超越。唐君毅对于心灵与身体及其相互关系的这种理解，显然属于一种心物二元的哲学观。

唐君毅之不能接受以唯物论解释道德良心的发生及其作用，还有他那种多愁善感、悲悯恻怛的禀赋方面的原因。他幼年时每当日落天阴便悲从中来，诵先贤遗文辄感动泣下，都反映出他这种特有的禀赋。在他赴京求学的前夕，父亲送他上船，并在船上陪他住了一宿。翌晨轮船鸣笛待发，父亲依依离去。就在父亲下船的一刹那，他蓦然涌起亲子别离的无限惆怅，并当下念及古往今来无数亲子的别离，多少伤怀愁绪笼罩着历史人生，由此兴起的感动使他不能自已。到京入学后，一天晚上学校广场放映纪念孙中山先生的纪录片。影片放完，观众散去，唐君毅独自仰望星空，深感个人躯体在无限的宇宙中是如此的渺小，然而如同中山先生一样的无数志士仁人，却以其渺小的躯体，为了人群的福祉而鞠躬尽瘁、抛头洒血，成就了涵天盖地的伟业，因而他们的精神，绝不是渺小的躯体所能够范围的。所有这些个人体验以及对于伟人情怀的领悟，都使唐君毅认定，在人的生命里，原本赋有一个真诚恻怛的仁体，由这一仁体所兴发的同情善念、博爱慈悲，都不是现实生活或物质条件所能够决定的。唐君毅将他的这些想法提出来，与同在北京求学的中学好友讨论，结果被他们讥讽为腐朽的唯心论者。而他将自己对于社会主义的认识写信告诉未婚妻刘志觉，却又被认同国家主义的刘志觉批评为太"左"。一时间，唐君毅颇为这些是是非非的党派意见所烦恼，由此疏远政治，走上专心学问的道路。不久，他便考入北京大学哲学系预科，做了熊十力先生的弟子。

当时的北京大学，名义上仍由蔡元培先生主政。蔡先生的一贯办学方针是："对于各家学说，依各国大学通例，循思想自由原则，兼容并包。无论何种学派，苟能言之成理，持之有故，尚不达自然淘汰之命运，即使彼此相反，也听任他们自由发展。"在这一方针指导下，北京大学几乎延揽了当时国内所有学有造诣且热心从教的学者。这些学者的学问旨趣、思想信仰和政治倾向往往纷繁歧异甚至针锋相对，但在校园中却都有自己的教学场所和言论空间，彼此间的批评与争论也是司空见惯，由此造成了北京大学盛行自由讲学和自由批评的风气。在这种风气下，唐君毅有机会听过许多知名学者的授课或演讲。一次，胡适先生作"我们对西方文化的态度"演讲，大略以为东方文化知足而保守，西方文化则不知足而进取，因此东方文化需向西方文化学习。唐君毅听后，认为胡先生的结论完全不对。人生本应知足常乐，人类社会也唯有知足方才和谐安宁，所以愈知足才应该愈好；如西方文化那样无所顾忌地追扑索取，实质上反映出这种文化缺乏东方文化所具有的道德宗教的内在定力，所以西方文化应该向东方文化寻求弥补之道，怎么却要东方文化向西方文化学习呢？基于对胡先生观点的这种认识，唐君毅对其开设的"中国哲学史"课程只旁听了一次，就不再去了。他终生也不承认自己是胡适的学生。

唐君毅还听过梁启超先生的"中国文化史"课程，并购门券听过梁漱溟先生的"人心与人生"系列演讲。对于两位梁先生的态度和学理，他都感到比较契合。但由于当时的青年学生大多视两位梁先生为落伍甚至是反动人物，对之采取攻击排斥态度，唐君毅受到影响，也就没有将两位梁先生所讲的内容听完。实际上，梁漱溟先生与迪风公是道友，唐君毅赴京求学时，迪风公曾拜托梁漱溟先生对他予以照顾。及至唐君毅中途不再去听演讲，梁先生以为他是无钱购买每场一元的门券，于是托人给他送来五元大洋。此事使唐君毅终生感念，以至在去世前的几小时，他还向家人忆述此事。

总起来说，唐君毅对当时北京大学的自由风气评价不高，这倒不是他对自由这一价值理念本身不能认同，而是因为不少名流教授专倚"自由"而肆意攻击他人，以轻薄甚至刻毒的语言互相谩骂，全然没有反求诸己的自觉意识和宽以待人的厚道精神。唐君毅对这样的"自由"风气非常反感，这或许就是他日后转学的原因之一。

从北京大学到中央大学

1927 年春，唐君毅赴南京看望父母和弟妹。此前，迪风公携家眷于年前至南京支那内学院向欧阳竟无大师问学，全家赁居距支那内学院数里之遥的一处陋巷斗室中，迪风公每日徒步往欧阳大师处执弟子礼，风雨寒暑未尝中辍。然终以生事日艰，唐君毅到南京后未及一月，迪风公便与家小一道返回四川了，而唐君毅则就此留在南京，转读于东南大学哲学系，并副修文学系课程。东南大学的前身是清末重臣张之洞于 1902 年创办的三江师范学堂，后历两江师范学堂、南京高等师范学校，于1921年始称东南大学。其校风素来严谨扎实，在当时是国内仅有的两所国立综合性大学之一，与北京大学南北雄峙，有"北大以文史著称，东大以科学名世"之誉。1928年，该校又易名为中央大学。其时东南大学哲学系聚集了汤用彤、方东美、李证刚、宗白华、何兆清等知名学者，均为一时之选。在这样的学习环境中，唐君毅的哲学造诣与日俱进。

唐君毅当时的学思进路，仍然朝着重视逻辑分析与推理的知解方向发展，而在这一向度上，西方哲学确乎远胜于中国哲学，这就导致了他在此后数年间对于西方哲学的用功和服膺以及相对来说对于中国哲学的轻视和批评。初到南京，唐君毅便随迪风公拜识了欧阳竟无大师。此后在南京上学的四五年间，他也不时去欧阳大师处听讲。对于欧阳大师的宗教情怀和人格气象，他常常莫名感动，但对欧阳大师所讲的唯识学，他却不能相契。在他看来，如果肯定万法唯识、境由心生，那么必然推至他人乃至自己父母的身体都由"我"心变现，在"我"之外的一切人的心灵更无存在之余地，且因一切法境均须系于"我"的当下之心，如此则广宇悠宙中只能有一个现在的"我"，而过去的"我"亦不能存在，甚至当"我"不处于反思自觉状态时，则连现在的"我"也归于虚无，而当唯一现在的"我"也归于虚无时，宇宙也就陷入寂灭，如此则唯识论亦无从成立了。唐君毅基于逻辑推理而对唯识学的归谬，显然与唯识学阿赖耶识本体论及其关于秉承阿赖耶识的主体通过心识而由迷转悟、由染转净的修习理论全不相干，他是将阿赖耶识本体误解成了独一无二的个体—主体，将唯识学误解成了唯我论，并依据这种误解的前提去进行推理。他将自认为基于严密推理而窥破的唯识学的谬误提出来，与欧阳大师的弟子王恩洋先生讨论，王先生当即指出他将唯识学理解为唯我论，谬误在他而不在唯识学，但唐君毅并不心服。当时方东美先生在东南大学讲授哲学课程，常常喜欢涉及生命体验。唐君毅则认为，哲学必须建立在科学的基础之上，个人独特的生命体验，并不具有普遍性，作为一己心灵的意趣固然无妨，但混融于哲学之中，则有损于哲学的纯正。他将自己的批评认识写成书面报告交给方先生，但方先生并未与他理论。实际上，方先生正是有见于以原始儒家、原始道家、大乘佛学、宋明理学为代表的中国哲学所富蕴的生命体验，才最终架构了他的以不断提高生命价值为旨归的"高度心理学"体系。其时熊十力先生也曾来东南大学短期讲学，虽然那时他的《新唯识论》尚未最终杀青付梓，但由佛归儒的思想转变以及"新唯识论"的哲学体系却已基本完成，因此，熊先生所讲授的大致就是"新唯识论"的内容。对于熊先生将本心仁体作为万化之源、万有之基的形上本体，唐君毅感到不可理解，于是就在讲堂上向熊先生提出质疑，熊先生仰天大笑，并不予置答，为唐君毅日后索解中国哲学的真精神留下了一个契机。

唐君毅一方面对于中国哲学时有批评性思考，另一方面对于西方哲学也并非一概崇信。实际上，少年时代的生活经历给予他的知识基础以及性情塑造，仍然是他用以评析强势的异己文化系统的思想背景。在唐君毅的思想深处，始终挺立着一个禀具道德良心而迥拔于庶类的人的形象，一个在宇宙大化中居于无生物和其他生物之上位的自觉之善的存在。因此，他对罗素关于物理的东西和心理的东西都是由同样的感觉材料所构成的新实在论观点，完全不能接受；对于罗素将心的功能仅仅界定为与德性无涉的记忆与行为，也大不以为然。在他看来，摩尔根、亚历山大、怀特海等将自然宇宙作为一个创造进化过程并将人类置于这一过程之最高层位的观点，差可维护人道之尊严，因而有其可取之处。不过，摩尔根、亚历山大、怀特海等人又认为自然宇宙之创造进化并未达至顶点，人类在现在的宇宙中虽为最高的存在，但在未来的宇宙中还可能进化出更加高于人类的存在，这在唐君毅看来就匪夷所思了。他作出了以下推理：按照摩尔根等人的学说，现在的人类之于未来更高的存在，当如现在的一般动物之于人类；既然现在的一般动物不能了解人类，那么现在的人类也同样不能了解未来更高的存在。即是说，现在人类的一切生活、知识和哲学，应该只属于现在人类的主观臆想，未来更高的存在则应该另有它们的一套生活、知识和哲学。诚如此，则摩尔根等人的学说要么只属于现在人类的主观臆想，这样他们就不能预知未来更高的存在。如果肯定摩尔根等人的学说可以预知未来更高的存在，那么其所谓"未来更高的存在"就无异于现在的人类。唐君毅通过推理，对摩尔根等人关于更加高于人类的"未来更高的存在"的观点给予了否定，从而肯定了人所禀赋的心灵就是一种无以复加的最高存在。心灵为一恒有自在、由潜而显的超越的主体。它不仅处于空间中一切存在的最上层位，而且囊括时间中的一切过程，还能思想一切可能的存在，进而能对心灵所发生的思想进行反思。心灵固然能够超越自身从而更加充量地显现其自身之所涵，但这种超越不能失去其自身，而只能内在于其自身。基于对心灵的以上认识，唐君毅转而研读康德、费希特、黑格尔的哲学。康德关于客观自然世界赖有主体先验范畴方才得以统合且理性更可运用先验范畴以超越自然世界而虚构一个对象世界的观点，费希特关于存在的原始意义不能脱离思维而加以理解的观点，以及黑格尔关于存在的逻辑起点即为纯粹之思想的观点，使他更加相信理性心灵乃是超拔于自然世界万事万物之上的实体，由此转向了对西方唯心论哲学的服膺。大致说来，唐君毅在这段时间中的学问趣向，乃是以西方哲学批评中国哲学，又以西方唯心论哲学否定西方实在论哲学，他的思想方法主要是解析式的，总体上遵循着西方哲学的进路，表现了对西方哲学的崇尚。不过，他对人的关注，对心的高扬，却隐然体现出他的儒家心性论的学思背景，这正是他日后向着中国哲学回归的深刻契机。

生活变故与身心磨难

唐君毅大学期间的生活并不顺利，甚至经历过巨大的身心痛苦。还在北京求学时，唐君毅就患上了胃病和脑病，思想压力很大。1928年春，唐君毅应未婚妻刘志觉之约，从南京前往上海相见，不料在旅途中遗失了日记本，心情十分懊恼。两人见面后，刘志觉又强令唐君毅参加国家主义派组织，这与唐君毅的个人志趣抵牾，两人因此发生口角，以致愤而分手。五年的恋爱关系一朝破裂，唐君毅的情绪遭受严重挫折，加上疾病折磨，真是身心俱苦，这使他几乎产生了自戕的念头。他写下《梦二十岁死》一诗，其中有句曰："我本峨嵋采药仙，赤尘不到白云边。为缘意马无人管，游戏人间二十年。"又曰："死中滋味耐君尝，旧恨新愁两渺茫。此去不知何处好，彩云为被岭为床。"这种故作放旷的调侃也无法排遣他的内心积郁，于是他只得给父母去信，将与刘志觉决裂的情况以及自己的身体状况禀告父母，还附上自己的照片一幅，背后题句云"遍体伤痕忍自看!"父母见信后,忧惧不已。当时迪风公正在南充中学任教,不能抽身,于是赶紧筹措盘缠,促陈太夫人携未离襁褓的幼女,水陆辗转,历尽艰辛,从成都经重庆赴南京探望。陈太夫人曾有《到南京探望毅儿》一诗纪此行曰:"万里迢迢出蜀都,为儿何暇计征途。世间只识穷通理,毋怪时人笑我迂。"

唐君毅见到母亲和妹妹,始深自悔愧。等到学校一放暑假,他便护送母亲和妹妹返回成都,又到南充拜见父亲,与父亲共同生活了一个学期,其间经常代父亲批改学生作文。这可能是唐君毅与父亲最后一段较长时间的相处,此后他虽然于1929年暑假回成都休学一年,并受时任四川大学中国文学院教务长的蒙文通先生聘请,在该院讲授西洋哲学史达半年之久,但其时父子二人各有所务,相聚时间并不很多。

1931年春夏之际,宜宾爆发时疫,唐君毅的大伯母罹疾临危,乡里亲戚催促迪风公回去料理。迪风公自恃身体强健,率尔返乡,不幸亦被感染,溘然长逝。当时唐君毅正在南京上学,初闻大伯母噩耗,急忙回乡奔丧,及至到家,方知父亲也已病故。在父亲灵前,唐君毅哭至瘫倒,痛不欲生。回想以往归省,与父亲论学,恒以西方学理为标准,指斥中国传统学术缺乏分析、笼统迂阔,而对父亲的劝导全然不以为意,以致父亲每每慨叹"汝今不契吾言,俟吾殁后,汝当知之尔",唐君毅此时更是深感悔疚不及。父亲的突然去世,使本来拮据的家庭境况更如雪上加霜。大伯母生前的医药费、大伯母和父亲的丧葬费、母亲和弟妹的养育费,所有这些经济负担骤然压在作为长子的唐君毅肩上。他四处告贷,又变卖田产,还向父亲的生前好友寻求支援,迁延数月才将大伯母丧事料理停当,将父亲灵柩暂厝于柏溪老家,并将母亲和弟妹的生活基本安顿下来。在此期间，因乡人有欲夺占唐君毅过继的大伯母产业者，唐君毅据理力争，为此还酿成一场官司。待到诸事妥帖，唐君毅返回南京，学校秋季学期开学已经两月有余了。

正是相伴着疾病痛苦、感情挫折、家庭变故以及政治困惑、经济窘迫等诸多不幸和艰辛，唐君毅于1932年夏季完成了学业，从南京中央大学哲学系毕业。他的南北求学，前后经历七年时间，但除去休学和因故请假，实际学习时间只有五年。按照当时学制，像唐君毅这种从旧式中学升入大学的学生，一般需读两年预科和四年本科；不过若修满学分，亦可提前毕业。唐君毅便属提前毕业者。

大学期间，唐君毅已经发表过几篇哲学论文，包括在《国立中央大学半月刊》这类重要学术刊物发表的《孟子言性新论》《柏格森与倭铿哲学之比较》《研究中国哲学应注意之一点——说中国哲学名词之歧义》等。作为20岁左右的青年学生，唐君毅能够发表这些论文，无疑是对其夙慧的证明，这使他时或倍感自信。他当时曾填《满江红》一阕表达这种自信，其下阕曰："大道晦，横流决，身未死，心先灭。挽狂澜既倒，吾安逃责！破浪乘风当有时，壮志休为闲愁泣。自今后，重振好精神，须勤力。"他还曾得一异梦，梦见自己行经地下，层层岩石触身而裂，又升腾空中，重重天门随步而开。醒后以诗记梦曰："穿回地壁层层破，叩击天门步步开。"可见其潜意识中是何等的自负。但是，现实生活的不理想，前景预期的不明朗，又使他往往沉溺于难以排遣的低抑情绪之中，这种情绪也从他当时的诗作中反映出来。他在一首诗中咏叹道：

残照映疏林，暮鸦啼乱枝。徘徊芳草径，我心悲
已凄。忆我幼年时，事事萦我思。犹忆二三岁，敏慧

世所奇。亲朋交口赞，所成未可期。日月随节易，童年背我驰。感事戕我心，处世触藩篱。心伤不能复，藩篱焉可越？怆焉望前途，抚膺徒踯躅。临渊美鲲龙，登高渐鸿鹄。有志随流水，此心如槁木。得失乌足计，死生犹梦觉。旦暮数十年，何为自束缚？不如饮美酒，寄情满樽渌。

另有二诗曰：

江南二三月，春色勾人履。飞花舞陌头，乱扑游人侣。吾心反凄然，郊原独徙倚。临池鉴清癯，神情何颓靡。旧恨逐烟生，新愁随波起。我生何不辰，漂泊同浮羽。狂飙振林木，吾身何所止？我欲登高山，悬崖高难跻。我欲临深池，泉水深无底。我欲御波行，狂涛安可驶？我欲坐如痴，荒原谁与椅？我欲卧如尸，大地皆冰矣。乾坤莽浩浩，容身不吾许。中心怆以摧，俯仰泪如雨。吾闻古人言，艰难唯一死。吾身既如此，留恋空复尔。

踯躅涉山侧，荒冢累累列。蔓草任纵横，萤火随明灭。愚智同枯骨，尧桀谁能别？显赫与沉沦，冥冥不相识。万岁千秋后，碑碣浑无迹。没世名不称，何足萦胸臆！

在这些颇富魏晋韵致的诗作中，故作达观的剖白毕竟掩饰不住青年唐君毅那种成就自我的渴求以及时不我与的焦虑。正是怀着这种既高度自信而又极其自疑的复杂心情，唐君毅回到成都，开始了他的又一段人生历程。

第 3 章

哲慧郁勃

短暂的家庭团聚

唐君毅毕业回到成都时,迪风公去世已经一年多。在迪风公生前好友的帮助下,唐家度过了最为艰难的时期,母亲和弟妹的生活已重新稳定下来。尽管如此,24 岁的唐君毅出于长子的责任,出于对饱经忧患的母亲的至孝以及对尚未成立的弟妹的挚爱,还有对先父的包含着深刻悔疚的无尽思念,毅然挑起了整个家庭的重担。当时成都虽为川中首府,但毕竟僻处西南一隅,文教事业并不发达。在这种情势下,唐君毅想要谋一教职,也就相当不易。还是有赖当年学友的热心帮助,将他们的课时各让出若干钟点,唐君毅才得以在敬业、蜀华、天府、成公等中学任职,讲授论理(逻辑)学、人生哲学和国文等课程,赚取微薄薪酬,略纾家计艰困。唐君毅授课的几所学校,地点分散,相距甚远。他不会骑自行车,而当时成都的公共交通又非常落后，一般只有人力车作为交通工具，但他轻易不舍得花钱坐人力车，于是常常只能徒步前往学校。有时不同学校安排的课程衔接得很紧，他便只得从一所学校跑到另一所学校去授课，因此往往是气喘吁吁、大汗淋漓地走上讲台。这些苦楚，在唐君毅看来，正是对先父、对母亲养育之恩所作的一点回报，对弟妹、对家庭天伦之情所尽的一点义务，因此他非但不以为意，反而工作得十分上劲。

每当课余或节假，一家人聚在一起，唐君毅便辅导弟妹们的课业，并为他们讲读经籍子史，有时还将弟妹们带到自己少年时代的老师萧仲仑先生处，听萧先生讲授《庄子》和楚辞，在弟妹们受到教益的同时，自己也重温少时的记忆，唤醒被欧风美雨冲淡了的对于传统文化的温情。对于劬劳的母亲，唐君毅时常设法让她开心。一次，他在母亲背后贴上一幅佛像，让弟妹们猜这是什么谜语。弟妹中有猜中者回答说是"阿弥陀佛"，于是一堂哄笑，引得母亲也粲然开颜。原来，唐君毅兄妹在家中称呼母亲为"阿妳"，"妳"的川音与"弥"相谐，而"陀"又与"驮"谐音，因此，母亲背着佛像，就成了"阿弥（妳）陀（驮）佛"。受过专门哲学训练的唐君毅，在母亲面前却扮成一副天真烂漫的情态，这种类似"老莱子娱亲"的游戏，足见他对母亲发乎心底的至孝之情。正是有了唐君毅里里外外的操持，唐氏一门寡母孤儿，虽然依旧含辛茹苦，但却亲情融融，其乐陶陶，积蓄着一种向上的潜势。

尽管处在自顾不暇的清贫之中，唐君毅那种悲天悯人的性格也并没有朝着自私的方向扭曲。一天晚上，星月惨淡，一对盲人父女到唐家附近的街市演唱行乞，唐君毅的小妹跑去观看。唐君毅随后跟至，将数枚铜钱交给小妹，嘱她在演唱结束后送给盲人父女，然后似乎不忍闻见而匆匆离开。不久，唐君毅再次来到，又将数枚铜钱交到盲人父女手中，并称赞他们是真正的音乐家，语气凄凉，不胜伤感。他虽然一而再地将自己也颇为匮乏的钱财施舍给行乞者，但并不自认是一种施舍，而宁愿将这种施舍视为行乞者的演唱所应得的回报，这就不仅从经济上给他们以资助，而且从心理上给他们以慰藉。唐君毅总是这样以自己那颗敏感的心灵去体察他人的苦难，以无限的悲愿力图将他人从苦难中拯救出来，这正如他在《柏溪随笔》中所说的："一个伟大的人格，任何小事都可撼动他的全生命。"这种发乎天性、自童蒙时代便一直表现出来的仁人之心，在唐君毅那里一生一世都没有改变过。他60岁那年，老友李璜先生一位朋友的儿子要远行，但缺乏路费，李先生无力资助，遂将这个青年人带到唐君毅处求援。唐君毅不仅尽其所能地资助了这个青年人，而且对他多有嘉勉，使其受赐而无愧怍之感。还有一位老教师，与唐君毅素不相识，唐君毅只是经常在报刊上读到他的文章，后来听说这位老教师晚景十分凄凉拮据，唐君毅即托人给他送去一笔现金，后来又一再谦避老教师的感谢。从早年对盲人父女的施舍，到晚年对穷乏青年和拮据老者的资助，一脉贯穿的正是唐君毅那颗仁人之心，它不仅是唐君毅在现实生活中待人接物的基准，而且最终被唐君毅提升到形而上的层面，成为他创构道德本体论的思想资源之一。

当然，此时的唐君毅距离体系的创构为时尚早，他还处在学思积累的过程之中。尽管家庭的责任和工作的压力都被他自觉地承担在肩头，但他并没有因此而松懈学术上的精进。在回到成都之后的一年间，他便在刊物上发表了《英法德哲学之比较观》《中国哲学对于中国文学之一般的影响》《孔子与歌德》《西南的夷人与诸葛孔明》等论文。这些论文，既有对西方哲学的探讨，又有对中国文化的研究，还有中西哲人思想性格之比较，以及关于民族关系的历史考察，可见其学术视域之宽广。

写作《西南的夷人与诸葛孔明》一文的因由，唐君毅在《怀乡记》中曾经提及："宜宾本名戎州，又名僰道，初亦为夷人所居。据说现在被迫入山之夷人，仍念念不忘宜宾。他们每日在天亮之前，都要教其小孩，以后要再回宜宾来。这事我幼时听讲，一方是怕，但一方亦非常同情。为什么不让他们回来呢？后来长大，有机会碰见夷人，我总不胜其同情。一次，一有知识的夷人告我，夷人崇拜孔明，称之为孔明老子。直到而今，当基督教初到云南向夷人传教时，最初亦只好说耶稣是孔明老子之哥哥。这事当即使我感动泣下，永不能忘。"他的仁人之心在此又一次得以体现，他基于人道主义而形成的民族平等观于此亦可见一斑。他写作《西南的夷人与诸葛孔明》一文，正是要通过蜀相诸葛亮对西南少数民族德威并用而以德为尚的史实，揭橥大传统应该宽容和尊重小传统这一颇具现实意义的主题。

至于《孔子与歌德》一文，则是为了纪念德国近代文学巨匠歌德逝世一百周年而作。该文一方面根据"生活之极端肯定""生活之各方面化""乐观""生活的和谐""现世主义的人间世的""泛神的宗教"等六项特征，论述了代表中国文化精神的孔子与以《浮士德》一书体现了西洋近代文化精神的歌德的相同点；另一方面又着眼于人格形成的途径而分疏了二者的差异。唐君毅说："我觉得歌德人格之伟大，可以说由于加添，由于在不同时期添加了新的人格内容。孔子人格之伟大可以说由于放大，由于在不同时期，逐渐放大原有雏形的多方面的人格内容。当然我说这两句话，并不是说歌德在加添了新的人格内容之后，与原生活莫有交涉，而只是各部分裂的人格，因为歌德的人格显然愈到后来愈和谐。同样也不是说孔子人格放大之后，原生活毫无新意义加入，因为孔子的人格晚年比早年复杂得多。不过我总觉得歌德是比较爱拿某一定时期专过某种生活，而孔子是在同一时期常有各方面之生活——如一面干政一面从游讲学；前者经无数段时期而形成其伟大的人格，后者经逐年发展而各方面生活均次第登峰造极。前者生活史的纵切面就相当于后者生活史最后段的横切面。同样是丰富是伟大，同样是产生于生活之极端肯定。"

由此，唐君毅又延伸到对于孔子和歌德所分别代表的中西两种民族性格的比较。他说："西洋近代的人大概都是专业化，这专业化不正是歌德在某一时期专过某一段生活的精神；终生专于一业，不正是没有歌德生活欲那样广的人必然的归宿？""中国过去的学人是想无所不通，文学、史学、哲学、政治、医方、书、画、琴、棋……这不正是孔子时时都无可无不可地各种生活的精神。博学而无所成，不正是没有孔子生活欲那样强的人必然的归宿？"

在这里，唐君毅对孔子与歌德乃至对中西两种民族性格并无轩轾；在比较的双方之间，他只是展示了他们各自的特点和长短而已。这一方面表现出他不再专恃西方文化以衡断中国文化，另一方面也反映了他还没有在融会中西的前提下回归到本有文化的基点上来。在学问积累和思想认识上，他距文化回归还有一段不短的路程需要跋涉。

伴随着学思的远行，唐君毅的人生也注定还要远行。赡养母亲和扶助弟妹的责任当然是此生此世都被他担在肩上并压在心头，但那种切近地侍奉母亲并照顾弟妹的生活方式，却不是他的命运所能慨允的。1933年冬季，在中央大学哲学系任教的友人许思园先生准备出国留学，推荐唐君毅接任其教职。于是，唐君毅在毕业回蓉、与亲人团聚一年多以后，又孑然一身出川赴宁，开始了在母校以助教为起点的教学生涯。当启程之际，唐君毅作五言歌行一篇抒发情思：

> 蜿蜒长江水，送我返蓉城。言归方二载，重登万里程。披衣待晓曦，渐渐天微明。妹忙雇车子，弟忙做汤羹。母为治行装，箱笥理频频。长跪别父灵，儿今又远行。父灵应有验，佑母长安宁。踥蹀登车去，车声何辚辚。但闻叮咛语，哽咽不成声。低头避人面，有泪还自吞。郊原樵牧少，田圃待春耕。锦江在何处，回首乱烟横。父去人间世，悠悠历两春。犹殡柏溪畔，萧萧无墓门。每当风雨夜，念及泪满襟。贫者士之常，知命凤所钦。唯兹大事在，何以解予心！

从这篇感人至深的歌行中可以看出，离别之际的唐君毅心中所系念的，乃是母亲的安宁和先父的安葬这类养生送死的大事。实际上，唐君毅乃至许许多多中华游子心中所系念的，首先当然是其父母至亲，但他们的系念又何尝仅止于父母至亲！他们无不将对父母至亲的系念普泛为对于乡邦故国、同胞族类及其文化传统的萦怀，这正是中华民族历千百年而凝聚不散、续续不断、可大可久的根本原因之一。

玄武湖畔的超悟

由于时局原因，唐君毅此次赴母校任职，在南京只居留了不到四年时间。作为中央大学的教师，他的月薪为大洋八十元，颇高于在成都时的收入。但他并没有将薪水用于自己享受，而是每月将薪水的四分之三都汇回家去，用于偿还家庭债务，并补贴母亲和弟妹的生活，自己则节俭度日，有时甚至不免当卖衣物以缓解拮据。就是从这时开始的汇款举措，在与母亲和弟妹离多聚少的唐君毅那里，几乎持续了一生，无论是在颠沛流离之中，还是在艰难困苦之时，也无论是在自己已经成家，还是在母亲去世之后，他都坚持这样做，以致二妹后来写信请他不再汇款，他还答复说："我已无母可养，只希望我妹弟不要太辛苦！"

就在这种节俭自奉的生活中，唐君毅在学术上又有新成就，思想上也有新进境。在这三四年间，唐君毅发表了一系列关于中外哲学与文化比较研究的论文，诸如《三论宗与柏拉得莱现象论之比较》《中国文化根本精神之一种解释》《中国艺术之特质》《二十世纪西洋哲学之一般特质》《庄子的变化形而上学与黑格尔的变化形而上学之比较》《中国宗教之特质》《论中西哲学问题之不同》《论中西哲学中本体观念之一种变迁》《老庄易传中庸形而上学之论理结构》《中国哲学中自然宇宙观之特质》等。这些论文在广泛考察印度、阿拉伯、犹太、希腊诸文明，特别是在参照西方思想传统的基础上，对中国哲学与文化的特点进行了揭示。唐君毅认为，中国思想传统在本体—宇宙观方面表现为无定体观、无往不复观、合有无动静观、一多不分观、非定命观、生生不已观、性即天道观等七项特点；在自然宇宙观方面表现为宇宙以虚含实观、宇宙无二无际观、万象以时间为本质观、时间螺旋进展观、时间空间不二观、时间空间物质不离观、物质能力同性观、生命物质无间观、心灵生命共质观、心灵周遍万物观、自然即含价值观、人与宇宙合一观等十二项特点；在人生观方面表现为赞美人生、物我双忘、仁者之爱、德乐一致、反求诸己、虚静其心、择乎中道、不离现在、参赞化育、元气不朽等十项特点；在哲学态度方面表现为重行不重知、重直觉不重思辨、重默识自察不重讲习辩论等三项特点；在哲学问题意识方面表现为有本体与工夫之关系问题而无（或较少）本体与现象之关系问题、有心物如何贯通交融问题而无（或较少）心物孰为本体之性质问题、有一多相摄问题而无（或较少）一多对立问题、有人在宇宙中如何表现其自由问题而无（或较少）人在宇宙中有无自由问题、有如何自知问题而无（或较少）客观知识如何可能问题、有人性善恶问题而无（或较少）人应当如何问题、有各种价值理想贯通问题而无（或较少）各种价值理想高低问题、有孝与祭的意义问题而无（或较少）人格不朽问题等八项特点；在宗教意识方面表现为无含超绝意义的天的观念、不相信神有绝对权力、将神视为与人同形同性、重人伦关系过于重人神关系、重祖先崇拜与圣贤崇拜、以人际交往态度对待神、现世主义的信仰动机、对不同信仰的宽容精神等八项特点；在艺术精神方面表现为重纯粹之形式美、贵含蓄不尽、尚空灵恬淡、求与天地万物融契无碍、究心以少涵多、崇奉人格的自然流露、擅长不同艺术相通共契等七项特点。在对于均看重变化的形而上学家庄子与黑格尔的个案比较中，唐君毅还指出了庄子以无为主、从无到有、由有归无的永远流转的道论与黑格尔以有为主、从有到无、由无归有的自我完成的绝对论的不同特点及其理论意义。综括起来，唐君毅认为：

中国文化之根本精神即"将部分与全体交融互摄"之精神：自认识上言之，即不自全体中划出部分之精神（此自中国人之宇宙观中最可见之）；自情意上言之，即努力以部分实现全体之精神（此自中国人之人生态度中最可见之）。

……此精神可谓中国文化最根本之精神，别无更根本之精神可得；其他文化虽或多少表现此种精神，然未有如中国文化之自始即以此精神为理想且充分表现此精神者，中国文化之特质亦无不可直接间接以此精神说明之。

唐君毅进一步将中国哲学与文化的特点概括为"分全合一，天人不二"，以同西方哲学与文化那种"裂分于全，离人于天"的特点相对照。正是着眼于中国哲学与文化的特点，唐君毅得出了中西思想路向根本不同、中国哲学与文化相对于西方哲学与文化自有其优长的观点。他说："因中国哲学家不曾将其问题具体罗列，而西洋哲学的问题却是罗列得非常明显，现在治中国哲学的人便不期然而然地应用西洋哲学问题的分法来看中国哲学，以为中国哲学家虽未尝明显地提出其哲学问题，但其事实上所感到的问题，仍不外西洋哲学上的问题，这种看法诚然有他的效用。因为我们确乎可以把西洋哲学问题配到中国哲学书上，而找出那些话是解答什么问题，那些话是解答其他的问题。但是这种看法只能证明中国哲学家在事实上——虽然不曾自觉的具体提出——也有西洋哲学家的问题，但不能证明中国哲学家在事实上感到的问题，只是西洋哲学家的问题，亦不能证明西洋哲学家的主要问题，是中国哲学家的主要问题。换言之，即此种看法，只能找出中国哲学家的问题与西洋哲学家的问题同的方面，而不能找出异的方面。然而这异的方面，正是构成中国哲学问题之特质的。所以我们要治中国哲学，非打破以西洋哲学问题的分法来看中国哲学问题的分法不可。在我看来这种打破是有非常重大的意义的。假设我们真正心目中完全不存一点西洋哲学问题，仅从中国哲学著作中探索中国过去哲学家心灵中真正的哲学问题是些什么，我们便可看出中国过去哲学家所最亲切感着的问题，所认为最重要的问题，与西洋哲学家所感到并认为最重要的截然不同。这种不同并非偶然不同。这种不同，大而言之，是本于两种文化精神之不同；小而言之，是两种哲学的心灵哲学的精神发展之不同。尽管这两种心灵哲学精神发展之途径有许多交错重叠的地方，然而这丝毫不碍其根本方向之差异。而且我们试就两方所各特别着重的问题来看，我们简直可以看出它们是在互相对映的两条路上排列着的两组问题。其他次要的问题我们就最重要问题的踪迹追寻起去，也不难同样寻出他们照应之点。"

在唐君毅看来，与西方思想路向根本不同的中国哲学与文化，可就其哲理的切己性、思想的丰富性、认识的圆融性、见解的高明性、气象的博大性这些方面来说，非但不弱于西方哲学与文化，或竟乃可谓有所超胜，而这则"足增吾人对于固有文化之自信"。由此可见他对固有文化的认识和态度较之以往已有了很大程度的转变。究其原因，正如唐君毅在《中西哲学思想之比较论文集》的自序中所说："十五年前梁漱溟先生《东西文化及其哲学》一书首提出中西思想之不同。笔者于此问题之感兴趣，实受其启发为多。先公迪风在时，恒以中土先哲之训相教，少年不能尽解，时与辩论。十年以来，读书渐多，每忆其言，辄有所触发。师友切磋，所在多有。"正是由于前贤的影响、先父的遗教、师友的攻错，加上自己不辍的学问思辨，唐君毅才经过致曲的道路而逐渐回归于当初的志业。

不过，应该指出，在任职于母校的这三四年间乃至以后一段时间，唐君毅却是还没有完全回归于当初的志业的。从他这一系列关于中外哲学与文化比较研究的论文中可以看出，他的参照系和评价尺度根本上还是西方的，印度、阿拉伯只不过是陪衬，中国哲学与文化还没有真正被视为一种有自性的系统。在方法论上，他最为重视的还是西方的逻辑分析，这不仅有《老庄易传中庸形而上学之论理结构》以逻辑分析方法处理中国古代哲学思想资源为证，而且也从他的多处论说中表现出来，如所谓"中国哲学家在他的著作中，尽管表现很坚固的哲学信仰，很深刻的哲学思想，但是他究竟是因为感着什么哲学问题而有这种信仰这种思想，他著的书是在讨论什么哲学问题，中国哲学家却从不曾明显的指出。这与西方哲学上每一主张之出现，都是为意识着一种哲学问题的困难而欲求解决，每一本哲学书都是先指出问题所在，然后指出可能的答案，再到最后的答案，恰恰是一对照"；所谓"西洋哲学对于一问题的分析，比较严整细密，同异之间，尚易认识。然而，在中国哲学便不同了：中国哲学家本无意于严整之哲学著作，于逻辑分析又不讲求，而且中国哲学家比西洋哲学家更不肯执一偏之见，所以，我们拿中国各时代哲学家之著作来一看，总不易看出他们之不同"；乃至所谓"西方形而上学家之立言，均系统严整，纲举目张，意期尽道，言期尽意。中国形而上学家之立言，则大率随事言理，应答无方，书不尽言，言不尽意。至道之极，超于意外。默识心通，惟赖自得。故今日论中国先哲之形而上学，实远较论西方形而上学为难。……故私心以为今日论中国先哲形而上学终不出尝试解释之一途，谓一己之解释，即已得古人之真，盖非愚即妄。勉求近真，斯已可矣。唯既曰解释则必解而释之，宁病支离，毋病汗漫。浑者固无妨析之，隐者固无妨显之。若以浑释浑，以隐索隐，是'以火救火，以水救水，名之曰益多'"。此所谓"宁病支离，毋病汗漫"，就清楚地表明了唐君毅对于西方逻辑分析方法的主动择取。不仅如此，唐君毅还恐有人误解他对中国哲学与文化所作的某些肯定性评价，故特地加以说明道："我在前面许多文中目的皆在解释，所以处处专从正面说话，处处都似在指出中国哲学比他之哲学高处。但我本意一大半只在说中国哲人对哲学问题的看法及所悟得之最后结论很圆融。至于对哲学问题的分析，论证之严整丰富，我素以为中国哲人不及他方学者。一小半则专门作同情的了解，只从一意义为中国哲人作辩护，如不朽问题便是一例。但因我在前未加申明之故，也许使人误会我是全赞成于中国哲学的，进而引人以为中国哲学全无可疵议，以致陷入对于中国哲学的盲信，则甚非我之意。"为此他还专门写了《论不朽》一文，通过批评中国古代哲人解决不朽问题之不当，力图抵消他在《论中西哲学问题之不同》中为中国古代哲人解决不朽问题所作的辩护。正是由于存在上述倾向性问题，唐君毅后来对收有这一系列论文、作为自己第一部出版著作的《中西哲学思想之比较论文集》一书评价不高。在 1941 年为该书所写的自序中，唐君毅已表示"所论多不自满"。在晚年为《人生之体验》所写的重版自序中，他更是批评该书"充满人名书名，似乎内容丰富，实则多似是而非之论"，因而表示愿意将他的第二部出版著作《人生之体验》作为第一本书，意思是要废弃《中西哲学思想之比较论文集》，这当然也是矫枉过正之言。

无论如何，唐君毅未至而立之年便已发表诸多论文并颇获好评——如他的《三论宗与柏拉得莱现象论之比较》一文便被前辈学者吴宓先生和张东荪先生赞为"奇才"之作——这不免使他在当时产生超群绝伦的自负感和一览众小的孤傲心，以为宇宙人生之真理独被自己所洞悉，他人则多属浑浑噩噩之辈。因此，他一度以迥异于侪辈和流俗为尚，在思想见解上总求与人相异而不屑与人相同，这无疑是他人生道路上的一大障蔽。而唐君毅之为唐君毅，也就在于他具有突破自我障蔽的悟性。

一个风和日丽的假日，唐君毅独游玄武湖。他漫步于湖西绿树掩映的草径，抬头蓦见灿烂的阳光洒落在明代古城墙上，青砖苍苔意趣无限，心中顿生欢喜，思绪随之弥散于广宇悠宙之中。从阳光普照时空之中的万物而万物无不同受此阳光之普照，唐君毅意识到，真理之为真理，必然也是普遍存在于古今中外一切人心中，非此则不足以为普遍真理。真理既然普遍存在于古今中外一切人心中，则古今中外一切人都应该能够同见此真理。虽然有些人因主客观条件的制约而暂不能甚至终不能见此真理，此即所谓先觉、后觉、不觉之差异；但只要有所见，则必然同此真理。若有人在见解上汲汲于求与古今中外一切人相异，则此人之所见必非真理，而只是一偏之见，其人也必为一曲之人。冥思至此，唐君毅恍然觉悟，自己以为独得的宇宙人生真理，实际上不过是在印证古今哲人的先见而已；也恰恰因为自己所见与古今哲人相同，此所见才可信其为真理，否则或不免为错谬。玄武湖畔的这一超然觉悟，成为唐君毅人生道路的一个重要转折点。他晚年回忆当时情景说："吾之悟得此义，在南京玄武湖。及今尚忆悟后之当时情节，乃吾一人行湖畔，见城墙上阳光满布，如一切有情生命，皆一一成圣成佛于一无尽光辉之中，当时曾感一大欢喜。"自此以后，无论读书或是论学，他不再在思想见解上专求与人相异，而是本着虚心和同情的态度，努力寻找自己与他人的契合点。由此，唐君毅认识普遍真理的知性与他那种发乎天性的悲天悯人情感达到了一致，形成一种己立立人的实践理性。

锦城渝州的情识

1937 年 7 月，抗日战争全面爆发。8 月，中国军队在上海进行淞沪会战，南京形势紧张，中央大学遂西迁重庆。唐君毅也在此时离职，由南京返回成都，与母亲、弟妹再次团聚。为了家庭生计，他在华西大学以及成都、成公、天府、蜀华等中学谋得多处教职，每天授课达五六个小时。同时他还与蒙文通、熊东明、李源澄、周辅成等师友创办《重光》月刊和《理想与文化》杂志，撰写文章，宣传抗日。

数月后，经中央大学同窗好友谢绍安介绍，唐君毅与谢绍安的妹妹廷光相识，由此开始了唐、谢之间的终生姻缘。谢廷光字方回，四川眉山人氏，1916年12月11日出生，为人性情纯和，宁静淡泊。当时谢廷光刚从四川省立女子中学毕业，即入读设在陕西城固的西北师范学院教育心理学系。唐君毅与谢廷光由相识、相知到相爱，前后经历五年，其间也出现过感情波折，但终于在1943年结婚。婚后夫妻二人相互敬爱，相依为命，彼此以"光妹""毅兄"相称。谢廷光对唐君毅的事业具有深刻理解，不仅在唐君毅生前一直支持他，而且在唐君毅去世后还亲自组织完成了皇皇三十巨册的《唐君毅全集》编辑出版事宜。在生活上，谢廷光一直无微不至地照顾唐君毅及女儿安仁，自己在书画、琴艺方面也颇有造诣，是一位当世罕见的德才兼备、贤妻良母型女性。徐复观先生曾在《唐君毅先生事略》一文中评之曰："夫人谢方回女士，学养纯深，长于琴书；居家接物，悉以先生之心为心，对先生之照顾，无微不至，有长才而未尝以才自见；先生于校务所务丛错之中，仍得专心学问，从事著作，盖内助之力也。"2000年8月24日，谢廷光在香港去世。

在成都任教约两年后，唐君毅接到当时驻在重庆的教育部聘书，任命他为教育部特约编辑。当时，日军战机经常窜扰川中，成都空袭警报频仍，生活极不安定，唐君毅遂安排母亲与弟妹返回宜宾老家，自己则赴重庆教育部任职。从唐君毅的本意来说，他是极不愿接受教育部的职位的，因为当时教育部给他指定的工作就是为部长陈立夫改写一部哲学著作，这是很无意义的事情。加上教育部是官方机构，衙门习气重，政治漩涡多，与唐君毅的平民性格和自由精神扞格难合，因此，他在是否赴任的问题上曾颇费一番踌躇。但是，教育部开出的每月三百元薪酬，对他来说确有相当的吸引力，这倒不是他本人有太多的消费需求，而是因为母亲和弟妹的生活以及弟妹的教育费用都须开支，加上父亲灵柩浮厝八年，也需最终安葬，而在成都兼课的收入本来就微薄，且在战争环境中，学校开课极不稳定，所以即使这点微薄收入都有不保之虞，无奈之下，他也只好权且为稻粱谋了。

应该说，在教育部的工作并不繁重，为陈立夫改写著作对唐君毅来说也实在不是什么困难事，这就使他有了较多时间探望师友和结交新知。当时欧阳竟无大师主持的支那内学院由南京迁至重庆附近的江津，唐君毅数度前往拜谒欧阳大师，聆听佛理。一次，唐君毅又到欧阳大师处看望，欧阳大师沉吟再三，终于提出要唐君毅入门学佛的希望。欧阳大师以曾皙、曾参父子同为孔门弟子为例，对唐君毅说："你父亲是我的学生，可以当曾皙，你可以当曾子。"欧阳大师还许诺以首座弟子的待遇对待唐君毅，可见他对唐君毅之看重。然而尚在中西哲学与文化之间驰骛的唐君毅却当场回绝了欧阳大师的要求，表示自己不愿专门学佛，而要学更多的学问。涵养深厚的欧阳大师一时竟被激怒，痛责唐君毅辜负他的一片苦心，盛怒之中忽然语转悲切地说："我七十年来，黄泉道上，独来独往，只是想多有几个路上同行的人！"唐君毅深受感动，当即俯身下拜，但入门学佛之事则终未应承。经此过节，唐君毅以为欧阳大师不会谅解他了。但时隔一年之后，唐君毅在重庆操办妹妹的婚事，乘便又去看望欧阳大师，欧阳大师却似乎什么事都没发生过一样，执唐君毅之手于案上，书苏东坡"婚嫁事希年冉冉"词句，并勉励唐君毅今后更加安心于学问。这使唐君毅深切感到，真有宗教精神的人物，其胸中实有一种不可测度的宽平深广境界。两年之后，欧阳大师去世，给唐君毅留下永久的怀念。他后来常想，如果能够分身，他一定会分身之一部分去做欧阳大师的弟子。

这段时间，唐君毅还多次前往位于重庆近郊北碚的勉仁书院，看望住在那里的熊十力先生。当时熊先生正在从事将《新唯识论》文言文本改写为语体文本的工作。自《新唯识论》文言文本于 1932 年印行以来，欧阳大师及其弟子就一直基于佛学立场，对这部新儒学巨著予以批评。唐君毅有意弥合熊先生与欧阳大师之间的分歧，遂建议两位先生相晤面论，以求归于一是，但两位先生均认为学术思想上的歧异难以遽然弥合。唐君毅于是遂寝其议，而感慨系之。在唐君毅看来，两位先生都是元气淋漓的真人和智慧超卓的大哲，他们在学术思想上的歧异，只是由于把握宇宙人生真理的角度不同，而基于他们各自的角度，他们的学说无疑都是臻于一流的。唐君毅由此却也了悟到，对于相异相反的学说，不一定就要作高下是非的分判，此即同归而殊途、一致而百虑之义。当时熊先生亦未尝不希望唐君毅入门从学，但从交谈中感到唐君毅已经形成自己一套思想，不好强求，遂绝此念。熊先生学说在其生前终无后继者，这使唐君毅一直难以释怀。1968 年 5 月，熊先生在上海逝世，唐君毅于香港遥挽之曰："斟银汉，吸沧溟，前圣道兹存，居尝想象夫子；握天枢，争剥复，后生仁不让，会当永继斯文。"表达了继承熊先生学说的心愿。

唐君毅在此时结识的新交，最重要的就是牟宗三先生。牟先生字离中，山东栖霞人，与唐君毅同年出生，1933 年北京大学哲学系毕业。当时牟先生正在重庆参与《再生》杂志的编辑工作，此前，他的《逻辑典范》一书已经出版，在 20 世纪 30 年代前期的"唯物辩证法论战"中也发表过一些文章，因此唐君毅对他早有耳闻。而牟先生对唐君毅的研究方向和学术成果也颇有了解。两人可谓神交已久。一天，同在教育部任研究员的牟先生大同乡李长之先生带唐君毅到曾家岩《再生》杂志编辑部探访牟先生，唐、牟二人从此相识并订交终生。他们最初的谈话是从逻辑与辩证法问题开始的。唐君毅认为，辩证法是可以成立的，但只成立于精神世界，客观的物质世界则并无所谓辩证法。他从黑格尔关于绝对精神的自我发展以及人类认识的矛盾运动，一直谈到英国新黑格尔主义哲学家柏拉得莱关于精神性的实在将主体与客体消融为一的唯心论，以证明自己的观点，这使曾经专主形式逻辑的牟先生了解到辩证法确有其可能的理据。而牟先生关于逻辑的根源在于理性、理性运用逻辑而成就理解和知识的观点，也使唐君毅印证了现代逻辑无论如何发展都不能超出理性的范围这一认识。他们彼此都感到从对方获益良多，牟先生曾说："与唐先生相聚谈，得以开发吾之慧解于多方。良师益友，惠我实多，我终生不敢忘。"唐君毅则认为，牟先生的分析与建构能力为自己所不及，与之闲谈所触发的思想，甚至多于从熊十力先生处所获得的教益。这正是唐、牟结为终生同道的深刻原因。

1940 年 10 月，唐君毅在教育部工作一年多以后，时任中央大学哲学系主任的宗白华先生聘请他重返本系任教，承诺给他的职位为讲师，月薪二百八十元。唐君毅毫不犹豫地接受了这一聘任。尽管学校的薪酬略低于教育部，但当时弟妹们的学业多已完成，家庭的债务也都还清，更兼父亲灵柩也在上年安葬，唐君毅感到经济上的压力已不太大，仅赡养母亲、接济弟妹以及自己生活等项，有学校的薪酬已足敷开支，因此他对薪酬之事毫不介怀。而以薪酬上的略微差欠所换得的大学氛围，对他来说则是教育部以再高的待遇都无法提供的。他很快办妥手续，进入了当时坐落于重庆沙坪坝的中央大学，重新开始了专门从事教学、研究和撰著的生活。此后，无论环境如何变化，他都没有再改变这种生活方式。

唐君毅在中央大学的升迁很顺利，一年后，他被评定为副教授，又三年后，即升任教授，并被推举为哲学系主任。唐君毅自知行政管理能力较差，故对系主任一职曾再三推辞，但面对宗白华、方东美、李证刚、何兆清等昔日师长的厚望，他又不敢过分违忤，乃勉力就任。在系主任任内，唐君毅设法引进了牟宗三先生，两位同道得以朝夕相处，切磋学问，砥砺思想，彼此都在精神上感到极大的满足和愉快。

荒山古庙的哲思

升迁的顺利反映了学术上的成就。这段时间，唐君毅又有诸多论文发表。其中专论中国哲学与文化的论文主要有《朱子道体论导言》《中国哲学中天人关系论之演变》《如何了解中国哲学上天人合一之基本观念》《略论作中国哲学史应持之态度及其分期》《略论中国哲学与中国文学之关系》《中国文化中之艺术精神》等；关于中西哲学比较研究的论文主要有《中西伦理哲学问题之不同》《中西哲学问题的分野》《中西哲学中关于道德基础论之一种变迁》等；还有一些纯哲学论文，如《物质与生命》《道德之实践》《世界之肯定》《精神之表现》《心在自然之地位》《辨心之求真理》等。另外，他于1943年在正中书局出版了《中西哲学思想之比较研究论集》，1944年在中华书局出版了《人生之体验》，在商务印书馆出版了《道德自我之建立》。

在这些论著中，《人生之体验》和《道德自我之建立》这两部著作为唐君毅终生看重。在晚年为其最后一部巨著《生命存在与心灵境界》所写的"后序"中，唐君毅说："吾于三十岁前后，尝写《人生之体验》，与《道德自我之建立》二书，皆以一人独语，自道其所见之文。吾当时虽已尝读古今东西之哲人之书，然此二书对他人之说，几无所论列，而其行文皆极幼稚而朴实。然吾自谓此二书，有一面对宇宙人生之真理之原始性，乃后此之我所不能为。吾今之此书之规模，亦不能出于此二书所规定者之外。此固可证吾之无大进步；然亦证宇宙人生中实有若干真理，历久而弥见其新也。至于此后三十年中，吾非无所用心，而知识亦尽有增加。然千回百转，仍在原来之道上。"自承这两部著作的思想内容乃后来所不可企及，三十年的学思发展终不能逸出其途径，甚至宏大而辟、深闳而肆的《生命存在与心灵境界》也在其畛域之内，可见这两部著作在唐君毅心目中的分量。

那么这两部著作究竟表达了什么思想内容呢？《人生之体验》的正文包括《生活之肯定》《心灵之发展》《自我生长之途程》《人生的旅行》四个部分和《心理道颂》一个附录，其中"人生的旅行"被唐君毅自定为童话体裁，实际上可以看作一部哲理寓言；《心理道颂》则为四言诗体；其余部分均为思想随笔。全书的文体完全不类于理论著作，没有系统的架构，没有逻辑的推论，也没有广博的征引和繁复的辨析，而主要是以朋友倾谈或个人独语的方式，娓娓言说一己体认的人生之智慧、世界之真理、宁静之心境、自我之确立、价值之体验、生活之意义、心物之联结、心灵之超越、精神之信仰以及从呱呱坠地到德性养成的诸种人生境界。乍读之下，很容易因其形式的轻灵而忽视其意旨的深宏，但在实质上，这些自出机杼、无复依傍、基于生存实感而探求宇宙人生之道体的思想随笔所表达的，才是剥落了学究气而真正具有原创性的哲思。在该书导言中，唐君毅说："现在许多人生哲学道德学之著作，大都是纲目排列得整整齐齐，一派一派学说，依次叙述，一条一条论证，依次罗列。这一种著作，我以为除了帮助我在大学中教课，或清晰一些人生哲学道德学的观念外，无多价值。这种著作，只能与人以知识，不能与人以启示，透露不出著者心灵深处的消息。而且太机械的系统，徒足以窒息读者之精神的呼吸，引起与之对抗，去重建系统的好胜心。这一种著作方式，在现在之时代，自有不得已而须采取之理由，然而我不喜欢。我对愈早之人生哲学之著作，愈喜欢。我喜欢中国之六经，希伯来之新旧约，印度之吠陀，希腊哲学家如 Pythagoras、

Heraclitus 等之零碎的箴言。我喜欢那些著作，不是它们已全道尽人生的真理。我喜欢留下那些语言文字的人的心境与精神、气象与胸襟。那些人，生于混沌凿破未久的时代，洪荒太古之气息，还保留于他们之精神中。他们在天苍苍、野茫茫之世界中，忽然灵光闪动，放出智慧之火花，留下千古名言。他们在才凿破的混沌中，建立精神的根基；他们开始面对宇宙人生，发出声音。在前不见古人、后不见来者之心境下，自然有一种莽莽苍苍的气象、高远博大的胸襟。他们之留下语言文字，都出于心所不容已，自然真率厚重，力引千钧。他们以智慧之光，去开始照耀混沌，如黑夜电光之初在云际闪动，曲折参差，似不遵照逻辑秩序。然雷随电起，隆隆之声，震动全宇，使人梦中惊醒，对天际而肃然，神为之凝，思为之深。"

在某种意义上，这正是唐君毅对其《人生之体验》的文体和内容特点的解说。也正因具有这种特点，所以他又说："我以后可能要写些比较更当行的系统著述，用论证来成立我思想上之信仰，并讨论到与其他派思想之异同。但是那样写成的著作之价值，是否即高于此书，我现在不能说。直到现在，我是宝爱我写此书各部时之心境的。"实际上，岂止是到唐君毅写作这篇"导言"的 1943 年，由上可知，他终生都是宝爱这部著作的。

唐君毅写作《人生之体验》的初机，缘于 1939 年一个秋夜他在荒山古庙中生发的哲思。当时，他作为教育部职员，住在歌乐山脉青木关镇的一座古庙中，"惟时松风无韵，静夜寂寥，素月流辉，槐影满窗。倚枕不寐，顾影萧然。平日对人生之所感触者，忽一一顿现，交迭于心；无可告语，濡笔成文"，他写下了《古庙中一夜之所思》，这就是他的第一篇思想随笔。这篇思想随笔，大致涵括了《人生之体验》一书关于宇宙人生的思索。

在这篇随笔中，唐君毅从身边环境所引发的感受着笔：

> 日间喧嚣之声，今一无所闻，夜何静也？吾之床倚于神龛之侧。吾今仰卧于床，唯左侧之神，与吾相伴。此时似有月光，自窗而入，然月不可见。吾凝目仰睇瓦屋，见瓦之栉比，下注于墙，见柱之横贯。瓦何为无声，柱何为不动。吾思之，吾怪之。房中有空，空何物也。吾若觉有空之为物，满于吾目及所视之处。空未尝发声，未尝动。然吾觉空中有无声之声，其声如远蝉之断续，其音宛若愈逝愈远而下沉，既沉而复起，然声固无声也。吾又觉此空，若向吾而来，施其压力。此时吾一无所思，惟怪此无尽之静阒，自何而来，缘何而为吾所感。

进而唐君毅念及自我在时空中的位置与境况，并由此推及于一切人：

> 居如是地，在如是时，念过去有无量世，未来亦有无量世，然我当下之念，则炯然独立于现在，此绝对孤独寂寞之心念也。又念我之一生，处如是之时代，居如是之环境；在我未生之前，我在何处，我不得而知也；既死之后，我将何往，我亦不得而知也。吾所知者，吾之生于如是时，如是地，乃暂住耳。过去无量世，未有与我处同一境遇之我；未来无量世，亦未必有与我处同一境遇之我。我之一生，亦绝对孤

独寂寞之一生也。吾念及此，乃恍然大悟世间一切人，无一非绝对孤独寂寞之一生，以皆唯一无二者也。

作为绝对孤独寂寞的存在，人与人是那么的隔膜，"一切所亲之人、所爱之人、所敬之人、所识之人，皆若横布四散于无际之星空，各在一星，各居其所。其间为太空之黑暗所充塞"；即使相知相爱之人或有无间之爱，也不过维持区区数十年，"数十年以前，吾辈或自始未尝存，或尚在一幽渺之其他世界。以不知之因缘，来聚于斯土。以不知之因缘，而集于家，遇于社会。然数十年后，又皆化为黄土，归于空无，或各奔一幽渺而不知所在之世界"；且这种无间之爱必将愈传愈淡，"终将忘其祖若宗，忘其同出于一祖宗，而相视如路人，势所必然也"。这样一种人间，充斥着无尽的冷酷，"试思地球之上，何处非血迹所渲染，泪痕所浸渍？而今之人类，正不断以更多之血迹泪痕，加深其渲染浸渍之度"；而容纳这种冷酷人间的宇宙，实"若一充塞无尽之冷酷与荒凉之宇宙"。

对于这种隔膜、无常、冷酷、荒凉的宇宙人生，唐君毅不胜其悲而又不舍其爱。他最后剖陈自己悲爱倚伏的矛盾情绪说："吾念以上种种，吾不禁悲不自胜。吾悲吾之悲，而悲益深。然吾复念，此悲何悲也？悲人生之芒也，悲宇宙之荒凉冷酷也。吾缘何而悲？以吾之爱也。吾爱吾亲爱之人；吾望人与人间，皆相知而无间，同情而不隔，永爱而长存；吾望人类社会，化为爱之社会，爱之德，充于人心，发为爱光，光光相摄，万古无疆。吾于是有此悲。悲缘于此爱，爱超乎此悲。此爱也，何爱也？对爱之本身之爱也，无尽之爱也，遍及人我、弥纶宇宙之爱也。然吾有此爱，吾不知此爱自何而来，更不知循何术以贯彻此爱。尤不知缘何道使人复长生不死，则吾之悲，仍终将不能已也。然此悲出于爱，吾亦爱此悲。此悲将增吾之爱，吾愿存此悲，以增吾之爱，而不去之。吾乃以爱此悲之故，而乃得暂宁吾之悲。"

由此隐然透露出，其时唐君毅已在思索为实存而极不完满的宇宙人生确立一个爱的形上本体，从而以普遍之爱将宇宙人生导入美善之境。这一形上本体，在《道德自我之建立》中得到了呈现。

《道德自我之建立》的体裁大致同于《人生之体验》，其正文三部《道德之实践》《世界之肯定》《精神之表现》仍为自出机杼、不事征引的思想随笔，不过讨论的分量稍重一些，故各部分的篇幅也稍大一些，附录《人生略赋》则为分行的韵文。正文三部之第一部说明道德生活之本质；第二部说明道德自我之根原——心之本体之形上性；第三部说明此心之本体即充内形外之精神实在，为超现实世界、现实生活而又表现于现实世界、现实生活者。三部各自独立而又意蕴流贯，互相照应。关于形上本体的思索，集中表现于第二部之中。

唐君毅基于对现实世界种种虚幻、无常、可悲、残忍、不完满的痛苦感受，而肯定有一能够如此对照地感受现实世界的恒常真实的根原（源）。他说："在我思想之向前向下望着现实世界之生灭与虚幻时，在我们思想之上面，必有一恒常真实的根原与之对照。但是此恒常真实的根原，既与我们所谓现实世界之具生灭性与虚幻性者相反，它便不属我们所谓现实世界，而亦应超越我们所谓现实世界之外。但是它是谁？它超越在我所谓现实世界之外，它可真在我自己之外？我想它不能在我自己之外。因为我不满意我所对的现实世界之生灭与虚幻，即是我希望之现实世界生灭与虚幻，成为像此恒常真实的根原那样恒常真实。我之发此希望，即本于此恒常真实的根原，渗贯于我之希望中。我因被此恒常真实的根原所渗贯，然后会对于现实世界之生灭与虚幻，表示不满。如我不被恒常真实的根原所渗贯，我亦只是一生灭者虚幻者，我便不会有此希望。我于是了解了，此恒常真实的根原，即我自认为与之同一者，当即我内部之自己。我之所以对现实世界不满，即由于我内部之自己，原是恒常真实者，而所见之现实，则与之相违矛盾。我之不满，是此矛盾之一种表现。此内部之自己，我想，即是我心之本体，即是我们不满现实世界之生灭、虚幻、残忍不仁、不完满，而要求其恒常、真实、善与完满的根原。"

由此，唐君毅确立了一个较之生灭、虚幻、残忍不仁、不完满的现实世界更加恒常、真实、善与完满的"内部之自己"，亦即作为道德主体的"心之本体"。

唐君毅以作为"心之本体"之发用的思想，来证明"心之本体"的恒常和真实性。他说："我由心之思想，便知此心体超临于时空之上。我的思想，明明可思想整个的时间空间，无限的时间空间……我的思想，可与无限的时空，平等的延展，而在延展的过程中，时空永只为思想之所经度。我思想之'能'跨越其上而超临其上。"

思想既超临时空，则其所依之"心之本体"亦必超临时空；"心之本体"既超临时空，则无生灭流转，而恒常真实。

至于"心之本体"的至善和完满性，唐君毅认为，"我善善恶恶，善善恶恶之念，所自发之根原的心之本体，决定是至善的"；而由于"心之本体"超临跨越于无穷的时空之上，"无穷的时空中之事物，便都可说为它所涵盖，它必然是完满无缺"。

唐君毅将恒常、真实、至善、完满的"心之本体"普泛于现实中的他人，进而投射到涵天盖地、主宰万物的生命创造力之上，确认道德主体基于"心之本体"而通极于形上道体。他说："我从现实的我身中，了解有一超越的心之本体在表现，便可推知，现实的他人身中，亦有一超越的心之本体表现。……所以他人的心之本体之存在，即由我所置定，遂可证他人的心之本体，不外于我的心之本体。但是这也并不陷于唯我论。因为从现实世界上看，我始终是与人平等相对的存在。我的认识活动，遍到他人，他人之认识活动，亦遍到我。我与他人在现实世界中，以认识活动互相交摄，而在超越的心之本体处相合。""心之本体即人我共同之心之本体，即现实世界之本体，因现实世界都为它所涵盖。心之本体，即世界之主宰，即神。……从今我对于现实世界之一切生灭，当不复重视，因为我了解我心之本体确确实实是现实世界的主宰，我即是神的化身。"

另一方面，唐君毅又将"心之本体"渗贯于形而下的现实世界之中，渗贯于有限的"我"之中，使之通过内在于形而下的现实世界以及有限的"我"，并层层破除这种有限性，而表现其无限性。他说："它（按指'心之本体'）即是以'破除限'为它之本性，以破除限为它之内容。破除限，即所以界定它之为它者。它必有它所破除之限，又必有对此限之破除，唯合此二者，而后它成为它。所以它是无限，便必须有限，与之相对，然而它又不是此限，因为它要破除此限。因它破除限之活动，只能在限上表现，所以它本身一方超越一切限，而它本身之表现又内在于一切限。它之表现，内在于一切限，即一切限自己破除，而内在于它，上升于它。它是一切之限之本体，即系于它之内在一切限，而一切限均要求自破除而内在于它之一点上。……它永远是渗贯于限中，作它破除限制的工作。"

通过向着形而上的投射以及向着形而下的渗贯，"心之本体"获具了内在而超越且超越而内在的性格，从而既凸显了心体、性体、道体当下贯通的"性道一元"方面，又肯定了主体实存于现实世界而需层层破限、自我提升的道德践履方面。"心之本体"既是形上的道德本体，同时也是实践的道德主体。

在写作《人生之体验》和《道德自我之建立》时，唐君毅已在通观中、西、印的基础上归宗于儒家。在《人生之体验》导言中，他说："孔子之言，皆不离日用寻常，即事言理，应答无方，下学上达，言近旨远，随读者高低而各得其所得。然以其不直接标示一在上之心灵境界，故读者亦可觉其言皆平凡，不及西哲之作，如引人拾级登山，胜境自辟。然'泰山不如平地大'，程明道此言，真足千古。在平地者谁知平地大？唯曾登泰山者，乃益知平地大。故必读西哲印哲书，而后益知中国先哲之不可及，知其中庸中之高明也。"表达了对于儒学的极度推崇。在《道德自我之建立》自序中，他又说："著者思想之来源，在西方则取资于诸理想主义者，如康德、菲希特、黑格尔等为多，然根本精神则为东土先哲之教。"说明他对形上本体的建立，正是遵循着儒家心性论的进路。这一学术思想路向，唐君毅后来唯有推进而再无任何改变。而《人生之体验》第三部《自我生长之途程》所设定的十层人生境界，其第八、九、十层，大致就是唐君毅晚年巨著《生命存在与心灵境界》之超主观客观三境的雏形。至于《道德自我之建立》所证立的心之本体，乃是唐君毅对于宇宙人生之真实存在的终极把握，这一道德性的心之本体，更是为唐君毅所终生服膺而未尝怀疑。正是因此，晚年唐君毅才自承，在写作这两部著作以后的三十年中，尽管他的生平思想千回百转，但"仍在原来之道上"。而这两部从求"体"、见"体"到立"体"的著作，其最初的孕育，却是唐君毅在荒山古庙那个不眠秋夜所生发的哲思。

第 4 章

书院情结

灵岩书院讲学

1945 年 8 月 15 日，日本天皇裕仁发布"终战诏书"，宣布日本无条件投降。至此，伟大卓绝的抗日战争以中国人民的全面胜利宣告结束。这是自 1840 年第一次鸦片战争以来，中国人民在反抗列强侵略的历次斗争中首次获得全面胜利，举国上下沉浸在无比的欢欣之中。作为一位对祖国、民族及其历史、文化怀有深挚感情的知识分子，唐君毅那种"漫卷诗书喜欲狂"的心情自是不言而喻。在他看来，抗战的胜利还具有另一项宝贵意义，那就是在和平的环境中他将可以更加安心地从事自己所挚爱的学术研究、教育事业以及思想创造了。

但是，接下来的现实却与他的理想差距甚大。从大局方面看，抗战期间形成的第二次国共合作迅速破裂，脆弱的和平局面维持了短短九个月后，以 1946 年 6 月国民党军队大举进攻中原解放区为开端，国共内战全面爆发，西北、东北、华东、华北先后遭受战火，整个国家局势陷入动荡之中，这使唐君毅经常忧心忡忡。就身边环境而言，中央大学哲学系的人事纠纷已经公开化，一些教师不再仅止于背后相互诋毁，而且发表文章公开攻击，钩心斗角、排挤倾轧，无所不用其极。唐君毅身为哲学系主任，面对的那些矛盾人物又都非师即友，加上自己那种屈己从人的仁厚天性，陷在这些纠纷之中，实在左右为难，只能抱持良好愿望而尽力劝解，但往往弄到舌敝唇焦的地步，到头来还总是被当事人指为偏袒对方，这真是使他苦不堪言。由此，他对基于名利而纠结、复因名利分配不平衡而争斗的大学体制产生愈来愈深刻的失望和厌恶，从而对怀抱共同理想而投身于教书育人事业的同人性书院产生了愈来愈热切的向往。

1946 年暑期，唐君毅的友人李源澄先生在灌县创办灵岩书院，广募学者前往授业，也向唐君毅发出了邀请。李源澄是四川犍为人，年岁与唐君毅相若，早年曾入廖季平先生之门，1932 年廖先生去世后，转而问学于蒙文通先生，后至苏州从章太炎先生游，其经史之学造诣甚深，尤其在秦汉魏晋南北朝史学领域卓有成就。学成之后，他曾先后在浙江大学、四川大学、云南大学等校任教，多因不惯于体制的约束，又脱离国立大学而入北碚勉仁书院、南充西山书院讲学兼管事，最终凭借书院教学和管理的经验而独自开办了灵岩书院。李源澄的邀请，恰合唐君毅此时的心意，他也正想考察现代书院教育的可能性及其运作方式，于是便乘假期事少前往灵岩书院，一边讲学，一边体验书院生活。

灵岩书院设在灌县城内，依城北十里处的灵岩山而取名。

灵岩山景之幽美，《思复堂遗诗》中《灵岩山居即景》一篇曾有咏赞，诗曰：

> 门对灵岩静欲禅，无边红叶满秋山。乱鸦声里斜阳晚，樵采人归古木寒。俯瞰江城若棋局，遥连天际出尘寰。峰峦起伏波涛状，淹忽如飞隔霭看。

> 雪山肝胆俱莹澈，远望悠然会此心。但觉风飘凉透骨，始知身正立高岑。彩霞横抹层层锦，红日扬辉缕缕金。俯瞩遥瞻浑入画，杖藜闲倚数飞禽。

山中有一座始建于北魏孝文帝时期而唐、宋历加修葺的灵岩寺，乃是与当阳玉泉寺、南京栖霞寺和天台国清寺齐名的四大古刹之一。当时灵岩寺的住持和尚传西法师，是欧阳竟无大师的弟子，不仅精笃于佛学，而且与教内教外名流学者广有交游。山景既幽美，山寺又闻名，加以住持亦博雅，所以大德硕学如袁焕仙、南怀瑾、郭本道、王恩洋、傅真吾、冯友兰、钱穆等，都曾闭关或游学于寺中。李源澄本人也是寺中旧客，他依傍灵岩寺开办书院，且袭用"灵岩"之名，不无通过这座名寺而广泛借取社会上的学术资源的用意。

自书院开办之初便与李源澄合作的，主要有章太炎先生的门生、四川绵竹人傅平骧。李、傅虽然都是经学背景，但李承廖季平一系而主今文，傅传章太炎之学而主古文；李重义理，傅重考据；李近于哲学，傅近于语言文字学。按照常情，二人难以相得，若在体制内的大学中，二人不定会生出多少学问上的相互鄙薄乃至利益上的相互争斗。但在同人性的书院中，由于负有共同的道义，怀有共同的目标，又无机构设置上的阻隔，凡事都能直接沟通，所以，李、傅二人不仅毫无芥蒂，反而在学问上相互咨取，在教学中相得益彰。他们的合作，在廖季平与章太炎两个学派中传为佳话。而书院的学生，也基本上都是出于主动求学的愿望而来，先生所授之业，正是他们待解之惑，因此学习积极性很高。蒙文通先生之子蒙默，便是在灵岩书院成立之初便中辍新式学校的学业而入书院就学者。这种教者乐教、学者乐学、师生互动、教学相长的书院教育方式，给唐君毅留下了深刻的良好印象。虽然在灵岩书院的讲学不过十余日，在唐君毅的教学生涯中只是短暂的瞬间，但就是在这十余日中，走同人性书院教育道路的理想，却在他的心中得以深深扎根并开始跃跃萌动。

也就在灵岩书院讲学的前后，唐君毅又发表了几篇论文，如《宋明理学之精神论略》《易经经文所启示之哲学思想》《略辨老庄言道之不同》《佛学时代之来临》《汉代哲学思想之特征》等。其中《宋明理学之精神论略》一文，因涉及儒佛之辨，受到正在川东一带传授佛学的王恩洋先生的批评。这篇文章主要从人生观、宇宙观、心性论方面揭示了儒家，特别是宋明理学家与佛家的根本差异，指出：佛家视世界为成住坏空之生灭无常，以人生为生死苦海，而儒家则视世界为元亨利贞之生成相续，以人生为德乐一致；佛家视宇宙为刹那生灭，当体无常，诸法乃依缘而有，究竟空幻，而儒家则视宇宙为生生不已，恒久不息，事物乃自生自成，绝对实有；佛家以心摄境，法性既空，我心亦空，法性我心一归于空，儒家则以心为呈现天命之性的虚灵明觉之体，而性则是客观普遍之天理，亦即生生不已之实理。全文的核心，在于针对佛家诸行无常、诸法无我的义谛，阐明儒家生生不已、继善成性的宗旨，这与熊十力先生《新唯识论》的思想是基本一致的，唐君毅后来所谓"对熊先生之形上学，亦略相契会"，当即指此。尽管唐君毅声明他这篇文章"只以说明诸儒之自觉异于佛者为止。至于衡其得失，则非本文事矣"，但文中随处引述儒家言论批驳佛家，则无疑清楚地表明了他的倾向。正是因此，王恩洋先生对他提出了批评。王先生的批评，虽可视为对唐君毅当年将唯识学理解为唯我论的批评的继续，但可能更多地是对熊先生《新唯识论》于 1932 年印行后支那内学院诸位学者对之所作的批评的继续，因此，这种批评的主要指向已不在于学理方面，而在于学派立场方面，由此也反映出唐君毅已经完全回归于儒家了。

江南大学任教

经过一年左右的筹备，1946 年秋，中央大学实施复员行动，从重庆迁返南京。唐君毅在灵岩书院讲学后，接着又被华西大学借聘三个月，于是他便留在成都，没有与中央大学的人员同时前往南京，直到年底才独自返校。其时他已不再担任哲学系主任的职务，因此已无系务方面的责任，正好利用"无官一身轻"的自由，避开人事纠纷的漩涡。

唐君毅回到南京中央大学时，哲学系的人事纠纷已经进入白热化，矛盾的焦点集中在牟宗三和许思园身上，系上决定解除他们二人的教职。牟、许二人都是唐君毅的好友。牟宗三是唐君毅担任系主任时力排众议引进哲学系的；许思园则是唐君毅当初进入中央大学哲学系任教的引荐人，他后来获庚子赔款基金资助，离开中央大学赴英、法、美等国游学约十年，取得法国巴黎大学博士学位，在科学哲学方面具有精深造诣，1946年春他重返中央大学哲学系，就是应唐君毅之聘。牟、许二人均是早年得名，又学有专精，为人处世不免有卓荦不群的孤傲和居高临下的气势，但因此便要解除他们的教职，这在唐君毅看来却是完全不恰当的。他多方斡旋，为朋友仗义执言，力图挽回局面，但结果终不理想。唐君毅为此寝食难安。

就在此时，无锡工商巨子荣德生先生创办于太湖之滨的江南大学开始招生，学校急需师资，于是广募名流学者。正在中央大学受到排挤的牟宗三和许思园，当即被江南大学聘为教授，许还被任命为哲学研究所所长。江南大学同时向唐君毅发出信息，诚邀他也前去任教，并担任教务长。唐君毅一方面出于朋友情义，另一方面也由于对中央大学哲学系深感不满，因此向系上提出辞呈，打算与牟、许一道应江南大学之聘。牟、许的离去，当然是中央大学哲学系所希望的，但唐君毅的辞职，却不被系上所允许，因为牟、许除了人缘欠佳之外，且都不是本校毕业的学生，而仁德忠厚的唐君毅却是地地道道的"嫡系"，昔日的师长亦即现今的同事，不仅与他相知甚深，而且对他寄望甚厚。一边是同道好友的黯然离去，一边是师长同事的真情慰留，这使唐君毅一时间在何去何从的问题上颇感为难。他最终提出一个变通的办法：向系上请假一年，自己所承担的课程，待假期过后再予补上。作出如此安排之后，他便尾随牟、许二友，到江南大学就任去了。显而易见，唐君毅心中的天平最终仍然倒向了牟、许一边，这又一次反映出他对体制内大学的离心倾向。

江南大学成立之初，曾暂设于无锡城内，数月后即迁至城西太湖之滨的新校区，湖光山色，风景绝佳。钱穆先生就是在这里工作期间，将泛舟湖上的闲思遐想，凝成了他那部旷观中西、纵论古今的随笔集《湖上闲思录》。钱先生字宾四，无锡人，1895 年生，少孤，以苦读覃思卒成史学名家，曾先后任教于燕京大学、北京大学、西南联合大学、华西大学等校。当江南大学于 1947 年秋季正式开学时，钱先生正受聘于昆明五华书院，荣氏家族以极大的诚意，礼请这位大师级的乡贤回来担任文学院院长。钱先生到校时，已是次年初春"水面初平云脚低"的时节了。就是从这时起，唐君毅与钱穆先生开始共事，此后无论是在大陆还是在香港，都未再分开，直到钱先生于 1964 年卸任新亚书院院长。

江南大学的教学机构分设文、农、理工三个学院，其中文学院下设中国文学、外国语文、史地、经济四系，并无专门的哲学系，唐君毅就在文学院各系主讲哲学概论和伦理学，同时兼管学校教务。当年江南大学史地系学生、现北京师范大学史学所教授、著名史学家刘家和先生对唐君毅以及其他几位师长当时的教学情况有一段珍贵回忆。他说："快上大学了，原来和我在一起读古文的一位学长正在无锡国专读书，他劝我也上国专。我到无锡国专去看，觉得是治国学的好地方；不过上了高中以后思想有些变化，又觉得那里太传统了一点。国专的另一位学长告诉我，荣家在无锡兴办江南大学，请了钱穆先生，劝我去跟钱先生学，有需要时也可以到国专去向老一辈先生请教。接着我就到江南大学去学历史。在那里，从钱先生学了中国通史及秦汉史，尤其值得一说的是，根据他的指导，我读了他的《先秦诸子系年》和《中国近三百年学术史》以及梁任公的《中国近三百年学术史》。读了《系年》，我知道了要治先秦史及诸子，不能不作考证，而作考证就不能不知清人研究成果，而梁先生的《学术史》则恰好告诉了我接近清代学术的门径。就这样，以后我在治中国古史时始终不敢忘记考证之学，一直不能忘情于清代的学术研究成果。又从唐君毅先生学了哲学概论和伦理学，这引起了我对西方哲学和哲学史的浓厚兴趣；尤其唐先生很喜爱讲黑格尔，使我从最初的难以理解到后来的欲罢不能，见到黑格尔的书，只要有时间，看不懂也肯硬着头皮看下去，多年来一直如此。唐先生还有一句话使我难忘：要学哲学，不能用常识来思考，要用逻辑来思考。当时正好是牟宗三先生讲逻辑学，我听了也非常有兴趣，从此养成了长期在研究中遇到逻辑问题的时候总必须找逻辑书查清才罢手的习惯。又从冯振先生学了文字学，冯先生上课实际是讲《说文解字》，我自幼养成的喜爱文字训诂之学的兴趣得到了很大的满足；冯先生的课并没有把《说文》讲完，但是他让我知道了清儒（尤其是段玉裁和王念孙、王引之父子）在文字训诂研究上的丰富成果。因而几十年来，我和《说文》《尔雅》等书结了不解之缘。如非在特殊情况下，读古书遇到问题，不查阅这些书籍，心里就总过不去；而在看古书的时候，如果手边没有段、王的书作参考，那也就总是放心不下。在我几十年学术生涯中，遇到过好多位好的老师……以上所谈的几位老师都是在我茅塞要开未开之际，适逢其会地给了我一生受用的影响；他们只教了我一至二年，可是我从他们那里得到的却是对于这些学科的终生学习的浓烈愿望。我觉得这是最宝贵的。因此，特别地说到了上述的几位老师。同时要说明的是，我提到这几位老师，并非说我能继承他们的学术、够作他们的入室弟子，而仅仅是因为他们在治学道路上给予了我终身的影响。"

由刘先生个人的回忆，可以概见唐君毅在江南大学教学情况之一斑，他不仅向学生传授学科知识，而且给学生指点治学方法，还注意培养他们的学习兴趣，唯其如此，才可能使学生终生受用，终有成就。唐君毅后来于1960年出版过一部《青年与学问》的专辑，言及青年学子读书、听讲、治学、为人之道，正是他在包括江南大学在内的各个任教院校中的教学经验的总结。

任教于江南大学期间，唐君毅除了教书育人之外，还曾在一次偶然事故中充分展示出他的仁义性情。1948年初春，江南阴雨连绵。一天，文学院在学校礼堂举行学术讲座，教师学生济济一堂。唐君毅担任主持人，坐在讲台上，忽听礼堂后面传来巨响，接着一片倒塌之声，台上台下教师学生顿时惊恐万状，纷纷奔往讲台左侧的小门，争相逃生，一时间礼堂内秩序大乱。唐君毅虽然近在门边，却并未自顾逃逸，而是立于讲台上，一面高喊镇定，一面指挥疏散，自己最后离开现场。后来查明事故原因，乃是礼堂外面一堵围墙，因阴雨浸泡，墙基松动，以致倒塌，礼堂本身并无损坏。事故虽属意外，有惊无险，但在当时并不知情而一片混乱的情况下，唐君毅不计自身安危，以他人生命为首重，由此表现的正是孟子所谓"乍见孺子将入于井，皆有怵惕恻隐之心"的仁之端。唐君毅读圣贤之书，治道德之学，并不仅止于知性了解和玩弄光景，而是将圣贤遗教扎扎实实地内化为无条件的绝对命令和情意支撑的实践理性，以至在紧急时刻便当机而不容已地表现出来。他的这一表现，同样甚至更加深刻地影响了学生的思想性格。2006年12

月，在北京举行的"唐君毅思想与当今世界"研讨会上，刘家和先生向全体与会者忆述了他所亲历的当年那个惊心动魄的场景。虽然已经事隔近六十年，当年的青年学子也已成为年近八旬的老者，但刘先生讲起往事，仍然感情激动，不能自已，可见唐君毅的道德力量感人之深！

唐君毅在江南大学期间，还与母亲共同度过了非常珍贵的一年左右时光。他在新校安顿下来之后，便立即函请母亲和妻子来无锡居住。教学和研读之余，唐君毅时常陪侍母亲游览山水名胜，太湖、无锡梅园、东大池乃至苏州艺圃，都留下过他们的屐痕杖迹。《思复堂遗诗》对这些游历颇有吟咏，其《游东大池》诗曰：

> 一片荒寒满目间，映阶苔藓碧珊珊。蚀碑但剩龙蛇迹，败瓦堆成狐兔关。曲径遥连古坟墓，此中犹有旧衣冠。池塘风皱如鱼甲，稚子欢嬉不欲还。

《戊子暮秋与儿辈及其友诸人拟游太湖旋以病作止于梅园》诗曰：

> 太湖游兴蕴多时，才欲登程力不支。止向梅园斗彩戏，两儿赢得两泥儿。

> 诸子相将驾小舟，曲溪取次太湖游。遥看一抹承云际，湖水湖风天地秋。

《梅园啜茗》诗曰：

> 望里云山带乡思，满园幽胜属人家。风枝度影侵茶座，闲听儿曹细品茶。

> 四面青山作院墙，太湖远看若坳堂。穹庐帐下人如蚁，各自营私各自忙。

《孟夏同儿辈暨郑君学弢游艺圃远眺太湖景》诗曰：

身着高堤万象低，树阴移彻小楼西。湖拖远景兼天净，烟织平林一斩齐。

拼将眼力试谁强，额手遥看极渺茫。天色湖光浑莫辨，依微中有数帆樯。

此外还有《儿辈再度游东大池余以力不足憩待于路旁》《无锡野坐》《毅至二儿同郑君跻及小山顶余坐以待》《游艺圃主人以未熟之桃相赠有感》等诗，都记录了他们母子那一段的游踪和亲情。

重振鹅湖书院的尝试

私立江南大学的体制机制与国立中央大学颇不一样，因而人事关系相对简明，同人之间退则可以相安无事，各务所业；进则可以切磋琢磨，相互补益。这样的人事关系使唐君毅感到满意，不过他仍不能忘怀自办书院教育的理想。其时友人程兆熊先生在江西铅山鹅湖书院旧址开办信江农业专科学校，屡屡邀请唐君毅到鹅湖讲学。程先生是江西贵溪人，1907 年生，抗战之前在南京主编《国际译报》，经许思园介绍与唐君毅相识，并邀唐君毅担任其报纸的副刊编辑。抗战期间，程兆熊曾任第三战区文化委员会委员、青年军干部训练团东南分团政训处长，抗战胜利后即复员到铅山办学。程先生的邀请，又触动了唐君毅恢复鹅湖书院、在南宋大儒朱熹与陆九渊论学之地兴办教育的念头。于是在 1948 年暑假期间，他便从无锡经上海、杭州、上饶，辗转抵达铅山，一面给信江农业专科学校的学生讲授孔子、耶稣、释迦牟尼和苏格拉底的思想学说，一面实地体察鹅湖书院。

鹅湖书院原为唐代僧人大义禅师植锡的鹅湖寺，坐落于江西铅山县东北十五里处的鹅湖山麓，山为武夷支脉，因山上有鹅湖而得名。书院前面有石山作屏，山巅巨石耸立，千姿百态，突兀峥嵘。左右两侧山势合抱，重峦叠嶂，苍翠欲滴，左侧山顶且有飞瀑倾泻而下。书院所在的山谷平川，更是古木参天，流泉澄澈，回清倒影，清荣峻茂。南宋孝宗淳熙二年（1175）夏，朱熹、吕祖谦与陆九龄、陆九渊曾各率生徒聚会于此，为鹅湖十日之会，辩论即物穷理或发明本心等理学基本问题，由此开启了宋明理学两大派别的端绪。正是这两大派别，基本上牢笼了此后七百余年的中国思想界。随着程朱理学地位的不断提高，南宋理宗淳祐十年（1250），改鹅湖寺为文宗书院；元仁宗皇庆二年（1313），增建会元堂；明代宗景泰年间（1450~1456）再加扩建，并正式定名鹅湖书院；至清康熙五十六年（1717），对书院进行了大规模的整修和扩建，新筑山门、牌坊、大堂、泮池、拱桥、碑亭、御书楼及两侧厢房，康熙帝亲笔为御书楼题写门额曰"穷理居敬"，并撰对联"章岩月朗中天镜，石井波分太极泉"。"鹅湖"因而成为儒学发展史上一个具有重要象征意义的符号，鹅湖书院也就俨然成为媲美于洙泗弦歌之地的儒家圣地。

身临这一儒家圣地，唐君毅浮想联翩，思绪万千。他由朱陆天理人心之论上溯到孔孟仁义礼智之教，下及于先父迪风公对孟子大义的阐发，乃至自己四十年来的学思进路，深感冥冥之中似乎有一条与先圣先贤承继贯通的血脉，一种以道统自任的崇高使命感。唐君毅这种情思，从那段日子与他朝夕相处的程兆熊先生的一首五言歌行中得以表现，诗曰：

鹅湖发幽思，俯仰观寰宇；天地固有穷，我思犹如缕。我今何所思？我今何所与？我思与古人，能将日月比。释迦与耶稣，希哲与孔子，一生只一念，从容以就死！慈悲复慈悲，爱人如爱己；知己之无知，忠恕而已矣！民族与国家，文化与历史，继往与开来，所期盖如此。所患求诸人，所贵识其体；大行既不加，穷居何能已？谁云朱陆辈，坐困穷山里？长松何青青，其下清风起。风起固徐徐，风行几万里；万里犹风行，风行海之隅。明月出海中，蛟龙沉海底；风吹蛟龙动，先动我衣履。举目望八荒，神州有奇址；其上有仙山，山中有兰芷。为问世上人，何以未之取？灵气之所钟，至善之所止。中心之所藏，素以为至美。湖水春来绿，湖鹅弥足喜；欲穷鹅湖境，须至水中汫。此意不能言，此心天所启。我今在鹅湖，以山为案几；幽思泉石中，易简得其理！

程先生于诗前有一段话叙曰："唐先生在我所办的农校讲演，亦就是在鹅湖书院讲学。我要求全校的师生们都去听他讲孔子、耶稣、释迦牟尼和苏格拉底，让他们了然于学农者的精神会别有所在。'多识鸟兽草木之名'和一草一木所象征的意义，皆足以认取天地之心。在他讲演时，我也参加听讲，我因此更发着鹅湖的幽思，我根据他的一些话的大意，写著如次之句，当作他的讲演纪录。"可见诗虽是程先生所作，而其中传达的精神，却多是由唐君毅的言说中所体会出来的。

唐君毅于是直接向程先生提出，要在此地恢复鹅湖书院，具体办法是，近期内先在农业专科学校之下附设鹅湖书院，以后逐步过渡到以鹅湖书院为主，附设农业专科学校。程先生对唐君毅的想法表示完全赞成，并当即聘请唐君毅兼任农业专科学校训导处主任，以为日后唐君毅就任鹅湖书院山长作准备。暑假结束后，唐君毅返回无锡，将鹅湖之行的情况以及重振鹅湖书院的设想面告钱穆先生和牟宗三先生，又函告李源澄、周辅成诸先生，获得他们的一致支持，这大大增强了唐君毅重振鹅湖书院的决心和信心。牟先生甚至立即起草了《江西铅山鹅湖书院缘起暨章则》，作为重振鹅湖书院的操作依据。正是在这个文件的缘起部分，牟先生提出了著名的"儒家三期说"，其谓"自孔、孟、荀至董仲舒，为儒学第一期，宋明儒为第二期，今则进入第三期。儒家第三期文化使命，应为'三统并建'，即重开生命的学问以光大道统，完成民主政体建国以继续政统，开出科学知识以建立学统"，由此厘定了现代新儒家在儒学发展史上的历史地位及其精神方向。

但是，由于时局原因，重振鹅湖书院的计划最终未能实现。1948年夏季唐君毅的鹅湖之行，既是他第一次到鹅湖，也是他最后一次到鹅湖。鹅湖，成为他终生的梦魂牵挂。二十七年后，即1975年夏季，唐君毅应台湾大学哲学系客座教授之聘赴台讲学，此时一群青年学子正筹划创办《鹅湖》月刊，就此请教于唐君毅，他积极支持这些青年人说："你们的理想很正大，很有精神，相信这刊物一定能一直办下去，发生作用。"当年11月，《鹅湖》月刊社举办第一期学术演讲会，主讲人就是唐君毅，他的讲题是"中华文化复兴之德性基础"。他对《鹅湖》月刊的倾心，无疑是他的鹅湖情结的一种宣泄。

书院教育理想的初步落实

1948年秋，向中央大学请假一年的期限已满，唐君毅返回本校。此前他已辞去江南大学教务长的职务，但仍受江南大学之聘，空余时间便去无锡讲课。

这时，国共内战的形势已经十分明朗。从 1947 年夏季起，人民解放军由战略防御转入战略进攻，实施外线作战，在国民党统治区大量歼敌，迅速改变了国共双方军事力量的对比。国民党政权行将崩溃，整个国统区人心散乱，风声鹤唳。在这种情况下，中央大学一些教授主张将学校迁往台湾，另一些教授则反对迁校，意见纷纭，莫衷一是，致使学校高层无所适从。到 1948 年年底，局势更加紧张，学校已无法维持正常的教学秩序，于是宣告停课，教职人员各行其便。唐君毅乃侍奉母亲并携家眷前往上海，居月余，颇不安定，遂安排妻子和妹妹护送母亲返回四川老家。临别之际，前途未卜的唐君毅似乎对孤悬海外的命运已有预感，怆然告母曰："儿未尝为官吏，亦不隶任何政党，唯儿上承父志，必以发扬中华文教为归。今世乱方亟，以后行无定所，今有妹等侍养，望勿以儿为念。"深明大义的母亲答曰："汝必欲与中华文教共存亡，则亦任汝之所之矣。"母亲的嘉许与迪风公的遗教一样，正是唐君毅此后近三十年在海陬瀛涯孜孜矻矻阐扬儒家传统和中国文化的重要精神动源。自这次分开后，唐君毅于 1951 年还曾与母亲在香港有一段短暂的相聚，其时陈太夫人携孙女（唐君毅的女儿）安仁由六女宁孺接到香港居住，使唐君毅得以昏定晨省。但不过数月后，因宁孺的夫婿在广州民生轮船公司任职，夫妇俩必须返穗，而当时宁孺已有孕在身，陈太夫人爱女心切，遂又随宁孺夫妇返回大陆了，安仁则就此留在唐君毅身边。1951 年的分别，对于唐君毅母子便成为生离死别，此后直到 1964 年 2 月 26 日母亲去世，唐君毅未能再见母亲一面。

当时送走母亲、妻子和妹妹，唐君毅便复往无锡江南大学。无锡与南京近在咫尺，政治气氛也很紧张，钱穆先生有意外出避风。恰在此时，广州华侨大学校长王淑陶先生邀请钱、唐二位前去讲学，于是他们便在1949年4月间到了广州。这一机缘，对于唐君毅的人生历程具有至关重要的意义，以至在晚年重逢王先生时，唐君毅还满怀感念地表示，若非王先生的邀请，自己当初是否会来香港，实不可知，而若不来香港，则新亚书院的创办、文化种子的栽培以及自己学思的发展，可能都将无从谈起。

由于当时广州尚远离战火，相对安宁，又具有可进可退的地缘便利，因此不少学人避居于此，其中唐君毅的师友便有熊十力、谢扶雅、李稚甫诸先生，期间唐君毅还通过谢扶雅介绍，结识了陈荣捷先生。在广州待了一段时间，并专程到番禺化龙乡看望了住在黄艮庸家的熊十力先生之后，唐君毅与钱穆先生又于6月间一同到香港，任教于华侨工商学院。就在此时，妻子谢廷光奉婆母之命追到香港，与唐君毅团聚。陈太夫人这一安排，再次表现了她的慈爱和明智，她不仅是挂念儿子，而且也是怜惜子媳，若非这一安排，唐君毅夫妇后半生的境况实难意料。事实上，在大陆与台港隔绝之后，那些离散家庭演绎了多少人间悲剧！

初到英国治下的殖民地香港，唐君毅感到颇不适应，于是又在8月间折返广州，借寓于李稚甫先生家。在与李稚甫的交谈中，唐君毅表示想在广州开办一所孔学院，不仅可使流寓此地的许多学者有一个立脚处，更重要的是可以续儒家之慧命于不坠。毫无疑问，开办孔学院的想法，仍是唐君毅书院情结的表现，对此李稚甫先生极表赞同。但是，其时广州已临近解放，无党无派且在经济上赞同社会主义，只因在哲学观点上不能认同唯物主义的唐君毅，不愿留在广州，怀着万般无奈的情绪，他于 9 月 10 日再度赴港，在广州开办孔学院一事，也就自然终止。唐君毅这一去，此生就再也没有回过大陆，绿野神州终于只存在于他的深情远望和温馨梦境之中了。

不过，恰恰是在殖民地香港，唐君毅的书院教育理想得到了逐步落实。此前，张其昀、谢幼伟、崔书琴诸先生于 1949 年夏在香港筹办亚洲文商学院，邀请正在广州的钱穆先生入主其事。待钱先生到港后，张其昀先生却已转赴台湾，未几，谢幼伟先生又远走南洋。为支撑草创垂成的亚洲文商学院，钱先生急召唐君毅和张丕介先生等鼎助，遂使学院得以于秋季招生开学。学院开办之初，条件十分艰苦，仅在九龙一所中学租赁三间教室用于夜晚上课，另在附近租一套百十平方米的套间，大间作为学生宿舍，小间则是钱先生的院长办公室兼寝室，所有设备不过就是一些桌椅床架而已。不久，程兆熊先生从台湾招来十几位学生，却无法安置他们。正在为难之际，上海商人王岳峰先生愿为学院提供经济资助，于是便在香港岛上一座公寓内再租几间房，作为台湾学生的宿舍兼教室。当时学生约有五十位，由钱先生讲授中国通史，张丕介先生讲授经济学，崔书琴先生讲授政治学，刘尚一先生讲授国文，另有一位夏先生讲授英文，唐君毅则讲授哲学概论。诸位先生日常往来于九龙和港岛之间，为两处学生授课。

在王岳峰先生支持下，1950 年初，亚洲文商学院进行了整合，将分散在九龙和港岛的两处教室和宿舍集中到九龙一座写字楼的三、四层，第三层作为办公室和师生宿舍，第四层作为教学场地。乘着这次整合之机，亚洲文商学院改名为新亚书院，设立文史、哲学教育、经济、商学、农学、新闻社会六个系，后两个系由于场地和师资等条件不具备，一年后便停办了。当时由钱穆先生任新亚书院院长兼文史系主任，张丕介先生任总务长兼经济系主任，杨汝梅先生任商学系主任，唐君毅则任教务长兼哲学教育系主任。钱穆先生揭示新亚书院的办学宗旨曰："上溯宋明书院讲学精神，旁采西欧大学导师制度，以人文主义之教育宗旨，沟通世界东西文化，为人类和平，社会幸福谋前途。本此旨趣，一切教育方针，务使学者切实了知为学、做人同属一事。在私的方面，应知一切学问知识，全以如何对国家社会人类前途有切实之贡献为目标。唯有人文主义的教育，可以药近来教育风气专门为谋个人职业而求知识，以及博士式、学究式的为智识而求智识之狭义的目标之流弊。"这正是一种迥异于现行体制内大学之流行风气的教育理念，其根本精神在于继承宋明儒家书院讲学的风范，由志同道合的人文学者自由结合，从事教书育人的事业。从此，一所在当代中国人文学界乃至世界汉学界具有重大影响的同人性教学研究机构宣告诞生。作为新亚书院创始人之一，唐君毅的书院教育理想也由此而得到了初步实现。

在此还值得一提的是，自 1947 年秋到江南大学任教，至 1949 年秋离开大陆，短短两年中，唐君毅虽然颠沛于南京、无锡、铅山、上海、广州各地，但仍然写作并发表了不少论文，涉及儒家哲学思想、儒学史、中国文化史、中西文化比较、道德哲学等多方面。此间，他的《文化意识与道德理性》《中国文化之精神价值》等著作也在写作之中。这些论文和著作，反映了他在学术和思想上的精进。

第 5 章

香岛传薪

尽瘁新亚

新亚书院开办之初，境况异常艰难。先是有王岳峰先生承诺资助，故尽管场地逼窄，设备简陋，但办学所需之房租、日用、教师薪酬、工读生食宿等基本费用，都还有所指望，大家也未曾为经济问题担心。然而开学仅数月后，王岳峰先生的企业受到致命打击，遽然破产，资助已不可能，书院立即陷入危机境地，新亚同人无不为此焦急万分。不过，秉持崇高人文教育理想和对学生、社会、民族乃至历史文化负责精神的新亚诸先生并未知难而退、关门大吉，他们主动减免自己的薪酬，以武训行乞兴学的方式四处募捐，还拼命给报刊写稿赚取微薄稿费补贴用度，想方设法维持书院的运转。据不完全统计，在1950 年至 1952 年新亚书院最为艰难的时期，唐君毅发表在《民主评论》《人生》《摩象》《自由人》《新思潮》《香港时报》《华侨日报》《中国学生周报》等报刊上的学术、教育、时政诸类文章就有五六十篇之多，平均每年要发表二十篇左右。虽然发表文章也是唐君毅学术活动的一个部分，但在当时的特殊情况下，却未尝没有略纾时艰的考虑。而钱穆先生为了筹措办学经费，远赴台湾活动，不幸在淡江学院演讲时被坍塌的屋顶砸伤，险告不治！新亚学生也出于对民族文化的热爱以及对师长的崇敬，在发愤学习之余，主动担负起学校一切杂役，以免除工勤开支。所有这些，都是新亚书院在艰困中奋进的历史见证。

新亚书院开办之初遇到的另一个难题，是港英政府颁布的商业登记条例对于书院性质的挑战。按照该条例，香港地区所有私立学校都须自认为营利企业，到工商署办理登记手续。应该说，港英政府基于对现代社会的观察而将私立学校认定为营利企业，倒是符合现代一般私立学校性质的，且新亚书院若想要办成营利性的私立学校，也未尝没有条件。然而，新亚诸先生自始就是秉持中国传统教育理念来办学的。从高远的方面来说，他们是要传承和弘扬中华传统文化精神；从切近的方面来说，他们则是要为民族文化的薪火相传尽可能地多培养读书种子。如此神圣的教育事业，怎么能与商业营利混为一谈呢！新亚同人因此陷入困惑与愤慨之中。当时钱穆先生还在台湾养伤，得知这一消息，当即斩钉截铁地表示，新亚书院决不办理商业登记，即使停办，也不在中国教育史上留下污点！面对经济上的极端艰窘，钱先生丝毫没有动过停办书院的念头，但面对商业登记这件看似轻而易举的事情，他却不惜以停办书院相抗争，这正体现了孟子所谓"所欲有甚于生者，所恶有甚于死者"的君子节操。新亚同人一方面按照钱先生安排，设定决不参加商业登记的底线，另一方面诉诸法律和社会舆论。张丕介先生负责与律师商议对策，向法院提出申诉；唐君毅则撰写了《私立学校登记与社会人士心理》一文，交《华侨日报》发表，引起社会上对新亚书院的广泛关注和同情。港英政府也根据新亚书院的申诉，对其性质展开调查，终于在一年以后特别批准新亚书院免于商业登记。

在克服了经济艰窘和制度障碍的困难之后，从 1953 年开始，新亚书院获得了发展的新机缘。先是，新亚诸先生以其崇高的人望和良好的人脉，使得书院成为在港或过往香港学者的聚会场所。利用这一条件，在书院开办当年的冬季，唐君毅就主持创办了"新亚书院文化讲座"，于每周日的夜晚邀请若干学者做专题演讲。听众既有书院师生，也有香港各色人等，还有流寓香港的人士，大家听讲后进行讨论，充分体现学术自由和思想自由精神。讲座持续了三年之久，共举办一百三十九期，所讲内容后来根据记录整理，编印成《新亚书院文化讲座录》。这一形式不仅扩大了新亚书院在香港的影响，而且许多演讲或听讲的人士后来走向世界各地，也将新亚的名声一路传播，使之不胫而走。1952 年夏，新亚第一届学生毕业，虽然毕业生仅寥寥三位，但为了展示新亚的成就以及学生的高素质，新亚诸先生不顾拮据，特地租用六国饭店举行毕业典礼，这也使得新亚书院在香港社会各阶层中留下了深刻印象，赢得了广泛尊敬。于是，美国驻香港的亚洲协会负责人艾伟先生主动与新亚书院联系，表示愿意资助成立新亚研究所，一应经费由亚洲协会支付。1953 年秋，新亚研究所在九龙另租场地成立，亚洲协会资助的经费在新亚书院内部调配，一半用于研究所建设，另一半则用于维持书院的基本开支。无独有偶，好事成双，也就在此时，美国耶鲁大学雅礼协会正在东南亚一带考察援助对象，领衔此事的卢鼎教授莅临香港时，恰逢新亚第二届学生毕业典礼，卢鼎教授目睹新亚办学条件之艰苦，亲感新亚师生精神状态之昂扬，深受感动，遂决定以新亚书院作为援助对象，帮助扩建分校。嗣后又有美国福特基金会向新亚捐款修建校舍，并有美国哈佛燕京学社资助专款给新亚购置图书和出版《新亚学报》，港英政府也将九龙一块地皮赠予新亚用于建校。从此，新亚的经济乃不复成为问题。特别值得一提的是，当雅礼协会决定援助新亚后，钱穆先生曾向卢鼎教授强调，即使获得援助，也不能改变新亚弘扬中国文化的办学宗旨，不能把新亚变成教会学校，卢鼎教授也代表雅礼协会明确表示决不干预新亚校政，这样才达成了双方合作的意向。由此可见，新亚诸先生的办学理想是无条件的，这正是新亚精神的精髓。

1955 年初，正当新亚书院的发展步入坦途之际，唐君毅在《新亚校刊》发表了《希望、警觉与心愿》一文，认为新亚之所以能够有所成就，一方面固然由于新亚师生怀抱着中国复兴与人类进步的崇高理想，但更主要的乃是由于社会人心对于教育文化的理想，多多少少寄托于新亚，因而乐观其成，乐助其成。故新亚师生切不可贪天之功以为己有，切不可以为五年来的进步必然保证将来继续进步，而应该警觉符合社会人心之理想和希望之不易，应该警觉有朝一日社会人心会觉得新亚所标榜的教育宗旨只是空头支票，永无兑现之日，应该警觉新亚书院有朝一日会不复存在。只有怀抱这种警觉，从而本着自己的心愿而努力，发扬长处，克服缺点，才可能使天地之心、生民之命、万世之太平由新亚而树立。唐君毅在文章中还对自己的工作进行了检讨，承认自己所说的话、所写的文章、所做的事情，合于理想与希望者少，不合者多，表示要从怕辜负或不忍辜负他人对新亚的希望这一念出发，去切实实现新亚的理想。

显而易见，唐君毅此文，立意在于警醒，警醒的目的是办好新亚书院，而警醒的对象则不仅是新亚师友，同时包括他自己。由此，他对自己的工作有了加倍的努力。除了教学、研究、著述之外，他自新亚成立之初担任教务长，至1961年卸任，前后凡十二年；自新亚成立之初担任哲学教育系（后于1960年改称哲学社会系，又于1967年改称哲学系）主任，至1968年由谢幼伟先生接任，前后凡十九年；自1963年新亚书院加入香港中文大学之时担任文学院长，前后达五六年之久；自1968年接替吴士选先生担任新亚研究所所长，直至去世，也有十年之久。对于这些教育行政工作，他投入了大量的时间和精力。此外，为了推动新亚的学术文化活动，进而引导香港学界乃至社会的风气，他于1956年发起成立了"人学会"，启发学生体会成圣成贤的儒家心性之学；于1960年发起成立了"国乐会"，并出任顾问，意在发扬中国传统乐教，抵制当代西方的流行音乐；还于1962年同牟宗三、谢幼伟、程兆熊、王道诸先生一起组织新亚书院和香港大学的学生成立了"东方人文学会"，被推选为会长，每年开展演讲、座谈等多项活动。所有这些社团活动，对于新亚积累社会资本所发生的作用，不可低估。为了使新亚形成梯级结构，以开展多层次教育，新亚诸先生早有在书院之上开办研究所、在书院之下开办中学的计划。新亚研究所于 1953 年成立，1955 年开始招收研究生，唐君毅是最早的导师之一。而新亚中学的设立，则因条件所限，迟至 1973 年才在唐君毅的积极推动下得以实现。当新亚中学筹备就绪之际，唐君毅奋然为之作校歌云：

> 日日新，又日新。勤于学，敏于事，慎于言，谨于行。少年的光阴，如流水之悠悠易逝。少年的心情，如佳木之欣欣向荣。敬我师长乐我群，爱我家庭仁我民。天光不息，农圃长春。这儿是绿野神州，南海之滨，我们是中华民族神明子孙。我们的学业、德业、事业，日新又日新。中华的文明，在新的亚洲，新的世界，万古常新。

可以想见，当唐君毅构思这首贯穿着圣贤遗教、民族意识和文化信念的歌词时，他于 1952 年发表在《新亚校刊》创刊号上的那篇《我所了解的新亚精神》一定是他的思想背景。在文章中，唐君毅强调，新亚的精神，新亚的教育文化理想，不外一方希望以日新又日新之精神，去化腐臭为神奇，予一切有价值者皆发现其千古常新之性质；一方再求与世界其他一切新知新学相配合，以望有所贡献于真正的新中国、新亚洲、新世界。中年时代的思想被他一直秉持到晚年，又被他从大学教育灌输到中学教育之中，可见这一思想在他是何等的深沉和坚定！毫无疑问，他心心念念之所在，就是要充量地推扩新亚理想，光大新亚精神。

为了办好新亚书院，唐君毅一贯秉公行事，不徇私情，有时甚至放弃自己和家人应有的权利。1966 年，他的女儿安仁以优异成绩从新亚书院中文系毕业，打算报考新亚书院每年两个名额的雅礼留学奖学金。唐君毅考虑到自己担任书院公职，如果女儿申报这项竞争十分激烈的奖学金，必然引起诸多牵缠和物议，不便开展工作，于是以自己有经济能力资助安仁留学为由，劝阻她申报奖学金。唐安仁则认为，自己已经成人，应该自立，而不应继续依赖家庭，因而自行报名参加了考试。考试结果，唐安仁名列第一。在众人看来，唐安仁成绩既佳，又是唐君毅的女儿，当年奖学金无疑有她一份了，但是事情出人意料。原来上一年度考取奖学金的一位学生因故推迟一年出国，这样当年奖学金的名额就仅剩一个。又由于以往三年奖学金都由文学院学生获取，理学院方面遂在考后提出当年奖学金无论如何不能再给文学院学生。若按优胜劣汰原则来看，理学院方面的意见显然是不合理的，加上这一意见是考后才提出，这就更不合理，但身为文学院长，且事涉自己女儿，唐君毅却当即表示同意理学院的办法，这样，唐安仁获得奖学金的资格就被取消了。为此唐安仁与父亲多次争吵，唐君毅却总是批评她不顾大局。多年后，唐君毅才向安仁说出了自己更深一层的考虑，他说："新亚书院仍然受雅礼的协助，有时候他们少不了想干预新亚的校政。如果你拿了雅礼奖学金，万一新亚与雅礼协会有意见不合的时候，我就不能完全心安理得地为新亚的理想而争辩了。"可见无论在何种境况中，唐君毅总是将新亚的理想置于首要地位。

唐君毅的后半生，实在可以说是与新亚浑然一体。他鞠躬尽瘁，对新亚作出了巨大贡献。而新亚虽然也为他实现自我提供了平台，却也不免成为他的伤心之地。1959 年，港英政府以提供津贴作为交换条件，将新亚与崇基、联合三个书院纳入到统一结构编制和考试标准的系统之中，为成立香港中文大学作准备。当时唐君毅就担心这样可能使新亚受到政府控制而失去行政自由，失去原来的教育目的和文化立场，因而提议不要政府津贴，但这一提议受到着眼于待遇问题的一般人的反对。1963年，港英政府根据由富尔敦勋爵（Lord John Fulton）领衔的富尔敦委员会的报告书，将新亚、崇基、联合三个书院合并组建成香港中文大学。按照富尔敦委员会经过长时间调查和多方磋商所提出的报告书的设计，香港中文大学采取联合体制，三个书院作为香港中文大学的基础学院，均可保持其历史传统、本身架构、教育理想、教学方式、课程设置诸特点以及行政、人事自主权。报告书还规定，今后若需对基础学院的组织形式进行更改，必须首先征得有关学院的同意。这一点也被载入香港中文大学条例中。正是在这一前提下，新亚诸先生赞成新亚书院加入香港中文大学。但是，从1970年代初开始，大学管理层便以统一财政权力以简化政府拨款程序为由，逐步推行以管理方式和学术结构的集中化为目的的各项措施，使各个基础学院的自主权日益减少。于是，新亚书院董事会在1974年8月致函大学管理层，建议保持并加强联合制度，但大学管理层的反馈却是要进一步实现事权的集中统一。为此，新亚书院董事会于当年12月再次致函大学管理层，力争维护联合体制的基本制度以及基础学院的法定地位和完整架构。由于当时钱穆先生早已退休并远居台湾，张丕介先生也已于1970年去世，这样，唐君毅虽然也于1974年秋从香港中文大学退休，但作为近在香港的唯一的新亚创始人，在与大学管理层的交涉中，他便被推到了前台。他自己也认为这是责无旁贷的，所以对此事一直费心颇多。早在 1972 年，当大学管理层的办学目标表现出国际化倾向时，他就发表了《理想与现实——中文大学的精神在哪里》一文，指出香港中文大学之所以采用"中文"两字，就是为了传扬中国文化，因此，香港中文大学应该保持中国文化色彩，而不应追求国际化。同年，他还发表《谈新亚研究所到哪里去》一文，解释新亚研究所不随新亚书院一道并入香港中文大学而保持独立性的原因，说明这样做就是要为培养类似中国传统读书人那样的通识人才和人文学者保留一块基地，以防各层次教育都只训练分门别类的专家。可见唐君毅为维护新亚精神和书院教育理想而与香港中文大学管理层的分歧由来已久。

1975 年，香港中文大学管理层根据该校"教育方针与大学组织工作小组"的报告，提出了院系整合的构想。针对这一构想，新亚书院董事会于同年 11 月发表声明表示反对。争议提交到港英当局，于是香港总督麦理浩爵士以大学监督身份，敦请当初制定香港中文大学组织方式的富尔敦勋爵再度来港，重新考察该校体制事宜。实际上，在此之前，富尔敦已经表现出集中香港中文大学财政权力、改变其组织方式的意图，因此，对于富尔敦此次能否基于当年报告书的立场，继续坚持在香港中文大学实行联合制，新亚同人颇感疑虑。为了争取富尔敦，以挽回局面，唐君毅乃联络钱穆、吴俊升、沈亦珍、梅贻宝诸先生，联名致函富尔敦云：

> 富尔敦勋爵阁下：忆十余年前，文旌数度莅港，领导富尔敦委员会，与敝校及崇基、联合三校同人，共商合组中文大学事，后由先生拟定报告书，为中文

大学组织之基本宪章，继有中文大学之正式成立，迄今学生毕业者已数千人，菁菁者莪，于先生当年之勋劳，应同感戴。比闻港督以大学监督身份，近又敦请阁下再度担任富尔顿委员会主席，负对中大制度重加检讨之责，同人等谨表示热烈欢迎之意。中大成立十余年，其行政教学，应加检讨之处自多，制度之细节，亦容有更张之处。唯窃以为先生前所拟定之报告书之确定大学之联邦制度为大学组织之基本大法，乃本于敝校与崇基、联合三校各有其历史背景、教育理想、社会关系，与联邦制度易于设施通识教育等种种理由，此决不宜有根本上之改变。以同人等之见，十余年来之大学行政教学之未满人意，盖正由大学内部之人事，未能尊重制度，或不免只求权力运用之便利而致。故年来凡对大学制度提议作根本上之更张，其效果将归于破坏大学成立时共同约定信守之联邦制度者。基础学院与社会舆论，多加以反对。同人等深信教育为百年树人之事，以人谋之不臧，而轻率归罪制度，推卸责任，非教育家所应为。中大之联邦制度，由三校共同约定信守而建立，则三校皆有加以维护之责。孔子曰："人而无信，不知其可也。"个人间之事，固然，团体间之事，亦复如此。想先生于此，必有同感。今兹文牍重来香港主持富尔敦委员会，必将重申先生昔年拟定报告书之本质，决不致重作建议，以便利大学权力之集中，而违悖当年三校筹组中大之共同信守也。同人等皆属终身从事教育之人，昔尝创办或主办新亚书院，又尝参与中大之筹组与成立过程，或主教席，今虽已自新亚退休，然对于香港大学教育之关心，则未敢后人，今当中大根本大法及各学院之完整性与传统性发生动摇之时，心所谓危，未敢缄默。昔人有言："可与之言而不与之言为失人"，同人等以阁下为当年手创大学体制之人，而在教育界之德望，又为同人所素仰佩，当广征众议之时，故敢进言，以渎清听，惟阁下实利图之。专此奉达，敬颂文祺。

这封函件在依据当年富尔敦委员会报告书而坚决主张维持香港中文大学联合体制的同时，对大学管理层提出了非常尖锐的批评，不仅指责其违背法理，甚至痛斥其破坏信义，对于富尔敦的说服，也显然是绵里藏针，这都无疑会引起有关方面的不快乃至愤怒。之所以如此，实在是由于新亚同人欲为秉持的新亚精神和书院教育理想作最后一搏。平心而论，联合制与集中制之争，体现的是两种不同教育理念的分歧，前者崇尚中国传统的教书育人方式，后者则遵奉现代通行的大学教育模式；前者重在为民族文化造就托命之人，后者则着眼于为学术研究训练专门之才。站在前者的立场，必以为集中统一的科层式大学非但不足以使学生成人，甚至也难以使之成才；而基于后者的理念，则由联合制过渡到集中制，实现高等教育体制的正规化，以与国际通例接轨，乃是一种必然趋势。正是基于后一种教育理念，曾在 1963 年制定香港中文大学联合体制的富尔敦委员会，此时不再顾及新亚同人的强烈要求，于 1976 年发表另一份报告书，明确建议香港中文大学改行集中制，将一切权力归于以大学校长为首的行政机构。香港中文大学管理层据此立即制定了《1976年中文大学改制法案》，该法案在当年冬季由香港立法局三读通过。至此，新亚同人为维护书院教育理想而作出的一切努力终归失败。1977年1月，包括唐君毅在内的新亚书院董事会发表声明，宣布全体辞职。从此，唐君毅不再参与作为香港中文大学的一个下属学院的新亚书院的事务，而专一投入自始就没有并入香港中文大学，且在1974年因不再获得香港中文大学资助而与之完全脱离了关系的新亚研究所的工作。

在体制之争的过程中，尽管唐君毅坚守对事不对人的原则，并且告诫支持者也如此行事，但这只能是一厢情愿。事实上，这一争执使大学管理层与新亚之间产生了极大嫌隙，新亚内部也因此分裂为不同派别，所有毁誉都集中到近在香港的唯一的新亚创始人唐君毅身上，使他日夕难安，加上因未能守住基业而产生的对当年筚路蓝缕的钱穆、张丕介诸先生的负疚感，以及书院教育理想破灭而产生的失落感，他身心遭受了巨大伤害。就在1976年8月，他因咳嗽不愈检查身体，发现患有肺癌！遭遇这种恶疾固然其来有自，但新亚体制之争对他的伤害，应该也是一个不可忽视的诱因。唐君毅去世后，牟宗三先生曾对唐安仁说他是伤心而去的，此为知者之言。徐复观先生更是既感伤且愤怒地指出："民国三十八年，唐先生来港，与钱宾四、张丕介两先生，合力创办新亚书院，有一个共同的志愿，即是要延续中国文化的命脉于海外。因为我和张、唐两先生是好友，而对钱先生又敬之以前辈之礼，大家的志愿相同，来往密切，当时的情形，我了解得最清楚；他们三个人，真可谓相依为命，缺一不可。如果今日有人想抹杀这段事实，等于抹杀自己的良心。在他们艰苦奋斗中，新亚得增益扩大；我可以这样断定，香港之有一点中国文化气氛，有少数中国人愿站在中国的立场做中国学问，是从新亚书院始。但这不是殖民主义者所愿见的。不是江青的徒子徒孙们所愿见的，也不是大买办阶级所愿见的。三种势力合在一起，形成了十年来对新亚的侵蚀与捍卫的斗争；唐先生与吴俊升先生们支撑其间，所得到的可以说是遍体鳞伤、满身血污的结果，这也是此时此地应当有的结果。"

言文谆谆

唐君毅的书院教育理想，具体落实在他的言教和文教之中。他从1950年2月参与创办新亚书院开始，直到1978年2月去世，在新亚执教整整二十八年，教学成为他后半生生命活动的重要组成部分。他对教学的投入和执着，从学生的记述中可以略见一斑。据新亚书院早期学生、后来亦曾在新亚从教的唐端正先生记载："（唐君毅）先生平时无分日夜地工作，一进办公室，即伏案处理文件，闻铃声响，又赶到课室上课，通常连续讲授两小时，仍不肯依时下课，待下一科的先生来了，才不得不离去。下课后总是大汗淋漓，显得十分疲累，但待换过衣服，擦干了脸，又向替他抄写文稿的同学索稿校改。"唐端正的记载，在另一位新亚书院学生雷金好的回忆中得到印证和发挥。她记述道："又到选课时候，我当然选修了唐老师的'哲学概论'课；……不久，我终于上唐老师的课了。哗，选他的课的人何其多啊！幸而我们一早便到，否则就要坐到门口或走廊去了。他讲课时真是投入，难怪听他课的人也浑忘了课外的事和时间的过去。他喜欢一面讲着，一面在黑板上写着字，又在字旁画着直线或圆圈。当他把黑板上的空位都写满、画满了，发觉没位置下笔了，便擦掉一角或一边来写，很少把整个黑板擦干净才写的。每次他来上课时，身上恤衫总是很整洁的，但在他讲课不久后，他的恤衫便会有一边角抽了出来。又即使在寒冷的天气里，他也会常常讲得满头满脸都是汗的，其他的日子更不用说了。当汗珠一滴滴沿着面颊往下流时，他便先用手去揩，接着掏出一条洁净的手帕来，一面讲着课、一面抹着汗。奇怪的是每次他总是只揩抹一边额头和鬓角上的汗便算，另一边额头和鬓角上的汗滴却任由它流滴到衣上去。到他讲够了——他常常过了时才下课的，最高纪录是个半小时左右——他才带着半边湿脸和不整的衣衫离开课室。"

曾在新亚研究所做研究生的翟志成，也有类似记述。他说："唐师讲课，没有一次不大大超出了规定的时间。这时最苦恼与最尴尬的，便要数贵叔了。只见他每隔五分钟十分钟，就要悄悄地推开教室的门，把头从门缝中伸了进来，呆呆地望着唐师，想开口说，又不敢说，终于又把头缩了回去，悄悄地又再把门掩好。贵叔是我们的前辈师兄，原名叫麦仲贵，侍随唐师时间最久，才三十出头，便已出版了好几本极有分量的中国哲学专书。他对唐师的敬畏，不是我们这些新入门的师弟所能想象的。唐师年事已高，视力又很不好；贵叔受了师母的委托，负责唐师在研究所时的安全。每当唐师到应该回家的时候还未回到家，师母一焦急，便要打电话追问贵叔，于是贵叔便奉了师母之命，来请唐师起驾回家。但他一进门，慑于唐师讲学时森严气象，溜到唇边的话又被逼回肚子里去了。有一天，在贵叔第八次推门时，唐师才发现了他，问他有什么事。那时贵叔的神态，就如一个逃学的小学生被先生当街捉住；只见他涨红了脸，结结巴巴地说：'师母……来很多……电电话……请请老师……下下课。'唐师看了看表，十二点五十五分，比原来规定的授课时间，多讲了五十五分钟。"

作为一位仁厚的儒者，唐君毅诲人并不仅止于课堂之中和师生之间，而是在一切场合对所接触到的人物随处指点。他那精辟的言教、祥和的态度，曾经启发和感化过许多迷茫、执拗甚至是怪癖的人。据唐安仁回忆，曾经有一个年轻人到家里来向唐君毅请教，最初来时，留着须发，却穿着袈裟，自诉由于生活上的遭遇而愤世嫉俗，并且憎恨自己的父亲。唐君毅很耐心地开导他，后来他再来时，就不穿袈裟了。香港著名报人胡菊人先生也曾有一段受教于唐君毅的感受。他说："七八年前，笔者与一位P兄就访唐君毅先生，咨商联名反对'台独'，与唐先生晤谈良久。告辞出来后，友人突然冒出一句话：和唐先生谈话，感到真的安舒，以后要常常来。是时，友人有魏晋文人的狂狷，尼采式的暴烈，对于时局和社会现状，恨不得一把火烧个干净，他五内郁结、跳腾难安，唐先生谈话之后，有此舒泰，前此从未见之。""唐先生和我们谈的是历史文化、政治思想问题，仍只是一般性的闲谈，至今细思，使我们有此安舒的感受者似不在谈话内容。""唐先生固然善谈，但绝非口舌便给、怡人如醉的讲者。我亲炙唐先生将近二十年，从未见他哈哈大笑，则在谈话中所予人者，便绝非'快乐''酣畅'如此轻简字眼可以形容。他的声调亦非抑扬顿挫，他的眼神脸色，更不是随语而变而引人者。他没有一句话、一个手势，是为了影响听者而着意使用出来的。一切动静，尽是如常如恒。""唐先生之对我们有如此的感染力，由于他每话每态，没有一点的'假借'与'装作'。他泱泱而笃实，不仅是每次晤谈见之，在公开演讲、在课堂、在凡常的待人接物里，莫不如此。他讲的又都是大道大理。我从未听过他在讲话里，以小语小道的语态，论涉私人的是非好坏。若有齿及于个人者，绝不因为私人私事，必因有违于大原则大理想而才及之。""他语语恳切，字字关心，所关心者又都是大空间如家国人类，大时间如历史文化的过去未来，无形中便使我们不再局限于小人小事，水流引出大海才见舒泰。又因他宽厚温煦的态度，不觉丝毫大学者的压力，而只觉容易亲近。总之是一个完整的人格在感染我们。他的学问知识固极博大，但学问知识或学理思想，有见仁见智的论难，亦可由他人的书籍替代，人格所表现的言行态度，则不可替代、不可驳议。""那位友人和我，不必如一般世俗人谒教堂，借超自然力，才能得到心灵的安顿。唐先生以他的言语，闲常对晤，便使我们有此安顿有此舒祥。所谓中华人格之教，亦自此中显。"

特别有意思的是，唐君毅的言谈甚至能使正处于强烈反传统情绪之中的同辈学者殷海光先生感到心悦诚服。据殷先生的弟子张尚德记述，大约在1958年夏，唐君毅乘访问台湾之便，到殷府看望殷先生。当时张尚德的疑虑是，这两位在思想方向上截然不同的教授如何谈得拢？但事实是，在约两个小时的谈话中，多由唐君毅发言，殷先生则不但未曾加以反驳，反而总是开怀大笑。唐君毅离开后，殷先生对张尚德说："唐先生是一位真正的儒者，他有作为一位学者所表现的忠诚，作为一位儒者所应有的风格，这是我们每个人，特别是研究哲学的人应该学的。"由此给予张尚德的启示是："一个真正关怀你的人，即使你的思想与他不同，你也会因他的关怀而感动的。"唐君毅与殷海光这两位思想差距甚大的学者，其私人交谊却一直保持到晚年。1967 年 10 月，殷海光因受迫害而身罹沉疴，唐君毅当时也因左眼视网膜脱落而难以读写，但他勉力致函殷海光表示慰问，殷海光也立即复信，对唐君毅的关心深致谢忱。唐、殷之交，可谓超越立场观点的君子之交的典范。

唐君毅对于教学的执着，集中表现在他生命的最后一两年中。1976 年 8 月，他被诊断患有肺癌，即赴台北进行手术治疗和休养。回到香港后，徐复观先生几次劝他说："肺部动了这大的手术，决不宜于上课；何况你上课时又这样的卖力。"但唐君毅答道："我现在改用谈天的方式上课，也很有意思。不上课，心里总感到不安。"这样，在 1977 年秋季新亚研究所开学时，他的病情稍有稳定，便坚持给研究生开了"中国哲学问题"和"经子导读"两门课程。当年 12 月下旬，唐君毅肺癌复发，他到香港一家医院稍事检查，便出院继续上课。学生们都为他的身体担忧，请求他停课休养，被他坚决拒绝了，唯一的妥协就是将授课地点从原来的五楼教室改在了二楼图书馆。1978 年 1 月 18 日，是寒假前的最后一次课，也是唐君毅生平最后一次课。据参加听课的吴甿记载："一月十八日'经子导读'，轮到我讲解《礼记》的乡饮酒义，由唐先生批评指点。当时临时改作课室的图书馆内，忽然寒气四起，凝聚不散，大家正襟危坐，一堂肃然。唐先生脸色苍白，声音微弱而发音异于常时，一面喘息，一面说：'乡饮酒义要旨在尊贤养老，叙长幼、敬长老、排辈分。若从功利的观念说，是因为中国是农业社会，特重经验之故；若从伦理哲学的观念，则是后辈对前辈的一种承奉，是向往一种长久、敬仰一突出高出于自己的生命，在乡饮酒礼中忘掉世俗功名事业，达到每人对生命个体之认同安顿……政治不能是纯政治，西方以宗教约之，柏拉图主以哲学为政治之基础，中国孔子则以礼教为政治之本。政治的基础在社会，以尊贤为本。尊贤风尚须在社会上培养。尊贤养老，不以地位功名为取……'"两天后，唐君毅因气促乏力，住院治疗，唐端正前往探望，唐夫人告诉唐端正说，医生嘱咐唐君毅以后不能再教书了，唐君毅还与夫人争辩说，医生的意思只是说不宜演讲，但以后上课可以改用讨论方式，并说："如果什么事都不做，岂不变了个废人吗？"可见他身染沉疴之际念念不忘的还是教学。然而此后不过十来天，唐君毅便永别了教学事业，正如徐复观先生所言："为了传播学术种子，他真是鞠躬尽瘁，死而后已。"

除了言教之外，每当新亚迎新、毕业、校庆或是五四纪念日，唐君毅还常常在百忙之中专门为文，对学生或青年人加以指导。诸如《敬告新同学》《开学典礼讲词》《告新亚第六届毕业同学书》《告第九届毕业同学》《告第十届新亚毕业同学》《告新亚第十一届毕业同学》《告第十四届新亚毕业同学书》《敬告新亚二十二届大学部及研究所毕业同学书》《国庆、校庆、月会》《孔诞暨新亚十二周年校庆讲词》《孔诞教师节暨新亚十六周年校庆典礼讲词》《新亚二十周年校庆典礼讲词》《校庆、孔子诞、教师节讲词》《五四谈青年教育》《在香港北大同学会"五四运动座谈会"上的发言》《唐君毅谈五四》《五四纪念日谈对海外中国青年之几个希望》等等，均属此类。另外，他还不时有感而发，就人生观的树立、德性修养以及治学方法等问题撰写文章，对青年人进行传道解惑。这类文章后被选收结集为《青年与学问》一书，于1960年由人生出版社出版。在该书"自序"中，唐君毅综述各文大旨曰：

> 这些文之所以如此编排，亦略有一理由。第一文说青年之人生，可作一篇导言看。这篇文章之主要意思，是说青年之天德并不足贵，故后天的学问工夫决不可忽。后天的学问工夫中，最重要的，毕竟仍是读书听讲。故第二文说读书之重要，第三文说阅读与听讲。读书是以古人及远处人为师，听讲则是以眼前接近的人为师。学问之第一步在有师，此义在昔人时常说到，但现代青年多忽此，不屑读书听讲与求师，乃终于自误，最要不得。第四文说读书之难与易，是略说人在读书历程中之甘苦，此甘苦是有层级之不同的……

> 第五文说学问之阶段，第六文说学问之生死关，是泛就读书造学问而逐渐有心得时所经历之阶段与关隘上看。此二文各分五段，皆可一一互相照映来看。

> 第七文精神的空间之开拓，及第八文新春与青年谈立志，则是从胸襟志愿之扩大提高上讲学问之道。此是讲的做人之学问与纯求知识之学问之交界处。

> 第九文学问之方法，是说明许多人孤立的讲学问方法之误，而说明学问方法之了解，实与学问同时进

步。第十文学问之内容，是指出一般人只以求知识为学问之误，而说明学问之内容乃与吾人之整个生活同其广大。因我是学哲学者，所以对于哲学所说者稍多，然我却无丝毫轻忽其他学问之意。

第十一文与青年谈中国文化，是一讲青年对中国文化应有之一最简单的认识。我们今日之讲一切学问之目标，一面在成就自己，一面即在谋中国文化之发展。故无论在什么时候，什么地方，我们都应念念不忘一些中国文化之长处……

第十二文说人生在世之意义，是提供青年一最简单的人生观。第十三文薛维彻论现代文明生活之弊端，初是介绍西哲薛维彻之思想之一段。此一段文之所以附于此，是要现代青年知道现代社会之文明生活包含许多问题，可使人之精神堕落，青年朋友们应于此警惕。薛维彻是现代一知行合一的哲人，他一生的时间多费在南非洲为土人治病。他的思想是要人回到对于一切生命的尊重。而在我们所要建立的中国未来之社会，亦应能去掉现代都市文明的毛病。人的精神应归向于朴厚，现代青年之治学做人，亦应有点乡土气。只有乡土气而朴厚的精神之青年，才能真造学问，使自己成一真正人物。所以在乡村中的青年，不要气馁，在都市中的青年，应当时常警惕着现代文明生活的弊害之侵入自己。此即我之所以附入此短文之理由。

依此次序来编辑此诸文，其中亦有一线索，而略成一系统。其中重复的地方与缺漏的地方，自然很多。但是读者如依此序所说之根本义去看，亦可以把重复的地方去掉，把缺漏的地方补足，而自己形成一个对于读书治学做人之道的一整个的初步认识。

显而易见，唐君毅为文的用心，就是要启导青年人发心立志，德业双修，成人成才，从而承传民族文化的慧命。他动念撰写这些文章，很可能是有感于在身边学生中所发现的问题。但是文章一旦结撰成篇，在唐君毅的观念上就绝不仅仅只是针对身边学生，而必是在对所有中国青年发言了；当然，在当时的时代背景下，他主要是在对海外中华儿女发言。

花果飘零的悲怀与灵根自植的瞩望

唐君毅对海外中华儿女的深切关怀，集中表现于他1961年发表在香港《祖国周刊》上的《说中华民族之花果飘零》一文中。对散落于世界各地的华人之根源意识的呼唤，成为唐君毅香岛传薪的一个重要方面。

唐君毅写作这篇文章的初机，乃是有感于当时华侨社会或被动受迫、或自动自觉地向居住国归化的风势。他沉痛地叙述这种风势道："我个人自离开中国大陆，转瞬十二年。就闻见所及，大约最初六年，流亡在外的侨胞，都注意到如何能再回大陆，而只以侨居异地，为临时之计。但最近六年，因国际政治现实上，苟安之趋向转盛，而大家亦多转而在当地作长期寄居之想。实则这六年来，我国侨胞，在东南亚各地之政治社会之地位，正处处遭受史无前例的打击。从菲律宾、印尼，经越南，直到马来西亚、新加坡、缅甸之当地政府及本地民族，无不在政治上、社会上、经济上及教育文化上用种种方法，压抑当地的华侨社会，使各地之侨胞，纵然遵顺了当地政府之要求，改变国籍，服从其他法令之约束，亦难与其他本地人民，立于平等地位，在事业上作平等之竞争。至于华文教育之处处受限制与摧残，尤为一致命的打击。而在另一方面，则台湾与香港之中国青年，近年不少都在千方百策，如凤阳花鼓歌之'背起花鼓走四方'。至于原居美国或较文明之国家者，亦或迫切于谋取得该国国籍，以便其子孙世代，皆能在当地成家立业。即在香港，其一般社会，本是容华人自由活动者，亦不少由大陆来之知识分子，登报申请入英国国籍，以便能在大英联邦中提高社会地位，成就事业。此种自动自觉的向外国归化的风势，与上述东南亚华侨社会之侨胞之被动受迫的归化之风势，如一直下去，到四五十年之后，至少将使我们之所谓华侨社会，全部解体，中国侨民之一名，亦将不复存在。此风势之存在于当今，则整个表示中国社会政治、中国文化与中国人之人心，已失去一凝摄自固的力量，如一园中大树之崩倒，而花果飘零，遂随风吹散；只有在他人园林之下，托荫避日，以求苟全；或墙角之旁，沾泥分润，冀得滋生。此不能不说是华夏子孙之大悲剧。"

面对这种悲剧性的归化风势，唐君毅追怀历史，更生无限感慨："如果中国之在今日之世界，如汉唐之在当时之世界，何至有东南亚之侨民之处处受排斥，而倾家荡产，致不得以自己之语言，教其子孙？又何至有许多人之千方百策，谋归化他国，以为久居之计？又何至由东南亚各国直到美国，都有种种移民法案，去限制中国人之前往与久居，以至限制中国青年之往求学？莫说汉唐之世非今日所能望，即望清季，亦今非昔比。原来一百余年来，华夏之子孙，即已开始大量移殖于东南亚各国，亦纷纷至檀香山与美国西部，做工谋生。当时皆尚未受到今日所受之种种压迫与限制。又此移居各地之侨民，虽多属中国下层社会，然而到了当地，仍保存中国社会之风习。婚丧庆吊，用中国礼仪，是一端。商店用中国字作招牌，是一端。房屋建筑，多少用中国形式，是一端。回国结婚，告老还乡，是一端。侨居一地设同乡会、宗亲会，是一端。过旧历年，过旧节气，是一端。祖孙相勉，不信洋教，是一端。汇款回国，对国家事业，以及革命事业，捐输奉献，是一端。设立侨校以中国语文教学，用中国语文，彼此交谈通信，又是一端。即中国早期之留学生，仍多少保存中国社会之此类风习。如最早之《留美学生季报》所表现之意识，仍为不肯忘本之文化意识。如在民国七八年，赞助新文化运动的蔡元培先生，在民国十年，于美国聘教员时，曾遇一当时已露头角，后亦成国内名学者之某先生，因其与蔡先生接谈时，不说中文而说英语，蔡先生即决定不加聘请。后来直至抗战期间，国内有几个有名大学英文系之几位名教授，并不会讲日常的英语，亦无人怀疑其对英国文学造诣之深。我又知一国内有名大学之英语系中，有一教授，因日常谈话皆喜用英语，遂为同事所不齿，致不能立足。然而在今日旅居外国之华侨社会中，中国人所保存之风习，尚有几何？只试看看此以中国语文作交谈之用之一端，其情形如何，便知今非昔比。据我所亲见，在美国与欧洲之中国许多高级知识分子之家庭内部，已不用中国语文。而在香港，最近为筹办中文大学而有之中国高级知识分子自身之集会，亦皆用英国语文为主，而无人以之为耻。此中国人之日益不以中国语文，作交谈之用，及其他种种丧失其固有风习之事，其原因甚多，亦同样很难依道德上之应当或不应当，来责备任何个人。然而一民族之无共同之文化与风习语言，加以凝摄自固；一民族之分子之心志，必然归于日相离散。而世运推移，至于今日，一面抚今追昔，回顾我上之所述；一面看看凡到中国与香港之外国传教士，及其他外国人士之处处必自守其社会风习，又必将其子女送至用外国语之中小学校读书，再回国升大学；而一些本来能说很好中国话的西方人士，在中国与香港，竟不屑于用中国语与人交谈。将此二面所见，与当前我们之情形，一加对比，到底不能使人免于慨叹。"

唐君毅承认，对于海外侨胞疏离民族传统而归化居住国的风势，并不能从道德上加以责难，相反，对于他们的种种无奈或迫不得已，倒是应该给予宽容的理解和无限的同情。但是，某些人将这种无奈或迫不得已的归化辩解为一种合理的趋向，这在唐君毅看来就是完全不能容忍的了。按照这些人的观点，"现世界之时代潮流，即人类文化之大融合。故此中国人之丧失其原有之社会风习，文化语言，纷纷改变国籍，正是中国人之打破其狭隘之国家民族观念，以迎接此人类文化之大融合，而达到人类未来时代之天下一家之准备，亦正所以使中国人跃进为世界人之第一步"。唐君毅认为，这种观点的根本错误，"在其将自己所属之民族语言、历史、文化、社会风习，以及其原来生活的方式等等，都全部化为一客观外在的东西来看"，"在其忘了我们自己所属之民族等等，都永不能真正化为一外在客观的东西"，乃至在其"求进步而不根于理想，只是求变迁、务新奇、失本根、离故常，此并非真进步，因而并不表现价值，而只是轻薄"。他严厉驳斥这种观点说："中国人不能以中国为一人者，此人绝不能以天下为一家；中国人不爱中国之历史文化者，此人绝不可言创造人类之新文化。其满口天下一家、创造人类新文化之名辞者，实皆毫无价值意识，亦无真正之文化意识、人道意识、自我意识者。其言进步创造而反对保守为顽固者，实皆见其只知喜变迁与务新奇，中无所守，内无德操，而只为随时代风势而转之'颠狂柳絮随风舞，轻薄桃花逐水流'而已矣。"他痛切指出："顺此逐渐流行之思想与意识，再发展下去，不仅是使中国人不成中国人，亦使中国人不能真成一个人，更不配成为天下一家之世界中之一分子，而将使中华民族沦于万劫不复之地。"

在力驳这种蛊惑人心的虚妄的进步论和世界主义的同时，唐君毅反复启导海外中华儿女的根源意识。他说："我之真实存在的生命，乃存在于我之生为中华民族之一分子，并受中国之语言文化社会风习之教养而成；而此一切教养，与我所自生之中华民族，即与我之生命存在不可分。"又说："我若为华夏子孙，则虽海枯石烂，亦不忘其本。由是而我之生命存在之意义与价值，即与数千载之中华民族、历史文化、古今圣贤，如血肉之不可分。我生命之悠久，于是乎在；我生命之博厚，于是乎在；而我乃为一纵贯古今、顶天立地之大人、真我。"又说："为中国人，则须多少守一些为中国人之道。守多少算多少。你能守，即可逐渐多守一点。如什么都无可守，则即守上所谓愿有所保持守护之精神，此还是有所守。至于你如实不能守，真有无可奈何之理由，此不能守亦不必为罪过。如你真见到英美文化好，而入英美之国籍；好似英人小泉八云之见及日本文化好，而改入日本国籍，此亦非即不道德。如你只为贪便利而改入外国籍，然既入之后，能对中国民族与文化，仍怀好感，亦未亏大德。如觉此为罪过，则补过之道亦多。如以外国籍身份，为中国民族争光荣，亦实功德无量。但你如自以为我能超越狭隘之国家民族观念，已由中国人升进为世界人，我在参加世界民族大融合之时代潮流，作未来世界之天下一家之准备，而视沉沦苦海之中华民族，无动于衷，而弃之惟恐不远，则断然是忘本负恩，而未能自觉你之生命之所依所根以存在者，亦不能真算一个人，应早谋一自忏罪孽之道。而人真能自忏其罪孽而大发悲愿，另谋所以补过，则吾之敬佩，又岂口舌之所能达？"

他还"不惜冒世俗之大不韪，申保守之义"，公开揭起道德文化保守主义的大纛，宣称："唯守而后存者不亡，人生一切事业、一切文化，得绵续不断，达于无疆。唯守而后有操，有操而后有德，以成其人格。守之为义大矣哉。"他认为，唯有保守道德文化于华夏子孙的心灵深处，才是挽救中华民族之花果飘零的良药，这实际上已经透漏了灵根自植的意思。

《说中华民族之花果飘零》发表后，在海外华人社会引起了强烈反响，许多刊物登载文章，抒发与唐君毅相同的感想，表达了海外中华儿女对于民族文化传统的共同的情感态度。但有一位匿名人士，屡屡给唐君毅写信，并附寄华裔人士在各种国际场合取得成就的剪报，以图证明中华民族之花果并未飘零，从而批评唐君毅的观点与事实不符，是在沮丧海外中华儿女的自信心。由于无法直接给该人士回信，唐君毅便以公开信的方式，撰写了《花果飘零及灵根自植》一文，于1964年发表在《祖国周刊》上。

在这篇文章中，唐君毅采取"置之死地而后生"的手法，首先将中华民族之花果飘零的凄凉境况推至极端。他说："我二年来之所感，比我二年前写该文时之所感，尚有更进一层之处，即我在写前文时只感到华夏民族之子孙漂流异地之艰难困苦，与在精神上失其所信所守的悲哀。而此二年来，则我进而更深切感到，由此精神上之失其信守，而进至一切求信守于他人的悲哀。人在不能自信时，便只求他人之信我；人在不能自守时，即求他人之代我守其所守。此本是一种极自然的心理发展。然而人不能自信自守，尚可以只停在那儿；而到了一切求信守于他人时，则是精神之整个的崩降，只在自己以外之他人寻求安身立命之地，而自甘于精神的奴役之始……现在的中国人，无疑只是居于求信守于西方人，只求西方人加以认识的地位，忘了自信、自守自己、认识自己之重要……一个人如不自信自守其思想与人格之有价值之处，而必待他人之认识与批准其有价值，然后能自信自守其思想与人格之有价值之处，此即为奴隶的人。一民族之学术教育文化，必待他人之认识与批准其有价值，然后能自信自守其有价值之处，即一奴隶的民族。此理应无可疑。而据此理以看我们当前所遭遇之种种事实，则不能不说中华民族为奴之征象具在，虽百口亦不能为之辩。"

接下来，唐君毅列举大量事实，以说明海外华人由失其信守的惶惑坠落到求信守于他人的奴性的状况，诸如文物国宝送到西方展览以求人赏识，学术文化研究以西方汉学家之言论为标准，学者的身份地位必以获得洋学位、出国讲学任教乃至著作被国外翻译才能得到肯定，青年学子必经留学镀金才能被社会承认，一些海外华人社会地位的提高也是怀着求被当地人士所承认的心情向上攀缘，等等。即如那位匿名人士所举华裔人士在各种国际场合取得成就的事例，"皆同样证明中华民族之花果，只能飘零异域，为他人瓶中之花，座上之果，而不能或不愿或不屑落于中国民族之土壤，植根于其中，以求民族之学术文化之更发芽滋长、枝叶扶疏而花果累累"。在列举海外华人失其信守的诸多事实之后，唐君毅还更进一步驳斥了某些人的外在而虚浮的信心观念，诸如中国历史悠久、文化优秀、地大物博、人口众多，乃至国际形势的变动、历史发展的必然以及宗教的拯救，等等，指出所有这些一般人所赖以寄托希望与信心之处，皆不堪寄托希望与信心，从而将海外中华儿女信心的重建逼至由对绝望之境的痛苦感受中所直接涌出的希望与信心。这种希望与信心即是：

> 一切人们之自救，一切民族之自救，其当抱之理想，尽可不同，然必须由自拔于奴隶意识而为自作主宰之人始。而此种能自作主宰之人，即真正之人。此种人在任何环境上，亦皆可成为一自作主宰者。故无论其飘零至何处，亦皆能自植灵根，亦必皆能随境所适，以有其创造性的理想与意志，创造性的实践，以自作问心无愧之事，而多少有益于自己，于他人，于自己国家，于整个人类之世界。则此种中国人之今日之飘零分散在四方，亦即天之所以"苦其心志，劳其筋骨，饿其体肤，困乏其身……所以动心忍性，增益其所不能"，而使其有朝一日风云际会时，共负再造中华，使中国之人文世界花繁叶茂，于当今之世界之大任者也。

显而易见，唐君毅是将中华民族灵根自植的根本系于华夏子孙的发心立志。唯有华夏子孙于内心深处自信自守其文化传统，五千年中华文化才可能续续不断，发扬光大；也唯有中华文化的发扬光大，华夏子孙才可能永立于世界民族之林、宇宙天壤之间。为人自信自守、自尊自强，从而将民族文化发扬光大，这正是唐君毅对于海外中华儿女的深切瞩望。

第 6 章

瀛寰论道

东西交流中的感受与论说

以 1956 年在日本《亚细亚》杂志和美国《东西方哲学》《东西方》月刊发表论文以及 1957 年应美国国务院邀请赴美访问为开端，唐君毅的学术活动扩展到世界范围。此后二十年间，他赴东亚、北美、西欧多国访问十四次，参加国际性学术会议十二次，用英、日、韩文发表论文二十余篇。通过这些活动，唐君毅既对异域异族之学术、文化以及风土人情有了直接深入的了解，同时也将经过他创造性阐释的中国哲学，特别是儒家思想带入国际论坛，他在国际学术界的声望也日益提高，受到中外许多学者的尊重。

从早年开始，唐君毅就对西方文化进行了深入研究，这一研究，直到他晚年检讨起来，都认为并无方向上的根本偏差。通过这一研究，他不仅把握了西方文化的精神实质，同时也敏锐地感受到近代以来暂居强势的西方文化对于东方文化、中国文化的误解乃至睥睨。因此，在1952年发表的《我所了解的新亚精神》中，他就宣称："中国亚洲之新生，据我所理解，尚不止是充量的接受欧美之近代文明之谓，我们并不相信亚洲与中国之文化精神已经死亡。亚洲是世界之一切伟大宗教——基督教、回教、佛教、婆罗门教——之策源地。他们都未死亡。中国的儒家道家之精神，亦未死亡。甘地之精神中有印度的慈悲，孙中山之精神中有中国的仁道，基督教至今仍为西方精神之最后的托命所，回教仍是凝合回教世界之一大力量。而中国文化精神之潜存于中国人心者之发扬光大，断然能复兴中国。"这正是对于百年来西方汉学界所流行的东方文化以及中国文化死亡论的回应。不过，唐君毅当时对西方文化的研究和感受，都还主要是根据译著或传媒的材料，因而还是间接的。

1957年2月中旬，唐君毅应美国国务院邀请，首次离开香港赴外国访问。他先在日本东京、京都、奈良等地盘桓了十余日，参观了多处高等学府、文博机构和名胜古迹，并会见了一些学者。2月下旬，他抵达美国。在此后的五个月中，他先后访问了夏威夷、宾夕法尼亚、普林斯顿、耶鲁、哈佛、哥伦比亚、康奈尔、密歇根、芝加哥、爱荷华、马里兰、加利福尼亚、南加州、斯坦福、华盛顿等多所大学，参观了夏威夷、旧金山、芝加哥、纽约、华盛顿、费城等博物馆，并会见了多位中美人文学者。他此行的公干是代表新亚书院与美国亚洲协会、国会图书馆、芝加哥图书馆交涉捐赠或交换图书事宜；并就雅礼协会某些董事因误会新亚排斥基督教而主张取消对新亚的资助一事，向雅礼董事会阐明新亚既不可能成为教会学校、但也并不排斥任何宗教的方针。此间他还参加过美国哲学界、远东学会以及中国留学生的一系列学术或聚会活动，发表演说或讲话。在整个访问过程中，他获得的最深刻印象就是，美国汉学界的绝大多数学者都将中国传统文化认作与现代中国毫无关系的业已死亡的文化，无论他们是将此看作一个事实，还是对此深感惋惜。在前一种学者那里，中国传统文化一如博物馆中的古物甚至如自然界中的化石，仅仅只是客观研究的对象；而后一种学者，则以唐君毅曾与之深谈的老哲学家威廉·霍金先生为代表。霍金先生出于对中国传统文化的热爱，因现代中国人不能继承发扬自己的传统文化而感伤不已，哀痛古老的中国文化濒于终结。美国学者对于中国传统文化的这种看法，尽管在先已为唐君毅所知悉，但直接交往所得到的感受仍使他深受刺激，他决心为文向美国乃至整个西方世界力陈中国传统文化仍然具有生命力而并未死亡。他将自己的想法面告客居美国的张君劢先生，张先生又致函时在台湾的牟宗三和徐复观先生，四人遂议定共同发表一篇宣言，而由唐君毅执笔起草。这篇长达四万字的宣言，就是 1958 年元旦同时发表在台湾《民主评论》和《再生》两杂志上、在西方以及整个文化中国都产生了重大影响的现代新儒家重要文献《中国文化与世界——我们对中国学术研究及中国文化与世界文化前途之共同认识》。这篇宣言，对于中国文化死亡论，起到了摧陷廓清的作用。

不过，唐君毅赴外国访问，往往也能获得另一种感受，即中国文化在异域的延续，这当然是在同属儒家文化圈的日本和韩国的体验。1959 年 6 月，唐君毅应邀参加在夏威夷举行的第三次东西方哲学家会议，途中在东京停留，乘便拜望时年八十有五的东京帝国大学教授、日本研究中国哲学和儒学最有成就的汉学家宇野哲人先生，他在宇野先生家里感到一种雍雍穆穆的伦常气氛和谦谨揖让的待客之道。宇野哲人先生比迪风公还年长十一岁，无疑为前辈，其子宇野精一则与唐君毅为同辈，但宇野父子与唐君毅合影时，却反复谦让唐君毅与哲人先生并坐，精一则侍立于侧，这使唐君毅感动莫名，大有"礼失求诸野"的喟叹。1965 年 6 月，唐君毅到汉城参加亚洲近代化问题国际会议，会后游览新罗文化古迹，观赏古典音乐舞蹈，对于韩国的建筑和乐舞中保存如此厚重的中国文化风格，也是赞叹不已。根据这些感受，唐君毅在 1967 年撰写了《东方人之礼乐的文化生活对世界人类之意义》一文，对由儒家创立的礼乐生活方式的普遍意义作出了充分肯定。

尽管在外国访问时的感受有种种不同，但唐君毅无论在哪种场合都一贯阐扬中国文化和儒家思想。1959 年夏，唐君毅在夏威夷第三次东西方哲学家会议上宣读英文论文《中国哲学精神价值观念之发展》，此文后被收入夏威夷大学出版社出版的《东西哲学与文化》和《中国之心》两部论文集中，可见受到重视的程度。1964 年夏，唐君毅在夏威夷第四次东西方哲学家会议上宣读英文论文《中国方法论中之个人与世界》，此文先发表于《东西方哲学》杂志，后又收入夏威夷大学出版社出版的《东方与西方的个人之地位》论文集中，在西方人文学界也产生了较大影响。同年 8 月，他由夏威夷返经东京，即约京都大学汉学家安岗正笃、东京大学中国哲学科教授宇野精一等日本学者商谈编印《儒学在世界论文集》。1965 年夏，唐君毅赴汉城出席在高丽大学举行的亚洲近代化问题国际会议，宣读英文论文《儒学之重建与亚洲国家之近代化》，此文后来收入《亚洲近代化问题国际会议论文集》。1966 年 4 月，唐君毅应邀赴美国哥伦比亚大学作短期访问教授，其间曾往伊利诺伊大学参加明代思想会议，宣读英文论文《从王阳明到王龙溪之道德心之概念之发展》，此文后来收入哥伦比亚大学出版社出版的《明代思想中的个人与社会》论文集中。同年 6 月，他由美国返经东京，与京都大学名誉教授西谷启治、京都大学人文科学研究所教授平冈武夫等日本学者讨论中国文化的根本精神。日本学者认为这一精神乃是综合气度和中庸之道。唐君毅则更进一步指出这一精神在于个体的主体性，唯有个体之主体性的高扬，才可能摄受一切，从而可能综合而中庸；而中国文化之所以区别于主客对立、一味外逐的西方文化，也正因其以主体摄受一切的精神实质。1970 年 8 月，唐君毅经大阪、夏威夷、波士顿、伦敦、巴黎、日内瓦等地，于 9 月初抵达意大利柯摩湖畔，参加美国哥伦比亚大学中国思想教授狄百瑞在此举办的 17世纪中国思想会议，宣读英文论文《刘宗周道德心之学说与实践及其对于王阳明之批评》，此文后来收入哥伦比亚大学出版社出版的《理学之开展》论文集。1972 年 6 月，唐君毅赴夏威夷参加王阳明诞辰五百周年纪念学术讨论会，宣读英文论文《同代学者对于王阳明之教所提出之疑难》，此文于 1973 年发表于《东西方哲学》杂志。1973 年 8 月，唐君毅赴东京参加中日文化研究会议，宣读论文《西欧文明对东方文明之挑战及东方之回应》。1974 年 9 月，唐君毅再赴东京参加世界文化交流会，宣读论文《中国思想中之自然观》。

如此频繁地出现在国际学坛，并且每次都有精深论著发表，这使唐君毅的声望日益提高和扩大。日本汉学泰斗宇野哲人、法国存在哲学大师马塞尔这些前辈都曾与唐君毅抵掌论学。西谷启治、吉川幸次郎、冈田武彦等东瀛硕儒也都对他表示了相当的尊重。狄百瑞教授在其主编的《理学之开展》一书扉页题词曰："谨以此书献给唐君毅，借以肯认其终身致力的理学研究，并由此赞赏其在与我们的合作中所表现的精神人格。"特别有意思的是美国斯坦福大学胡佛研究所中年学者墨子刻的态度。1977 年 6 月，墨子刻的新著《摆脱困境：新儒学与中国政治文化的演进》刚刚出版，就立即寄赠唐君毅，他在扉页题词曰："送给唐教授，以表示我对您的工作的深切敬意和适当报答。"两个月后，他乘到台湾开会之机，未作事先联系便专程到香港看望病中的唐君毅。他向唐君毅请教了有关中西文化的诸多问题，临别之际，又请唐君毅赠送一幅照片，表示自己今后要日夕观瞻，以便从中获得启示。所有这些外国学者的态度表明，唐君毅已经成为中国文化的一个当代象征，由他所阐扬的中国文化以及他本人已经走向了世界。

中国文化与世界

唐君毅在国际学坛所发表的一系列论著中，最具思想性和现实性且亦不乏学术性，因而产生了最为重大影响的，无疑是由他执笔而由牟宗三、徐复观、张君劢和他本人共同署名的《中国文化与世界》宣言。在举世皆认中国文化业已死亡、西方文化一家独大的百年横流中，宣言作狮子吼，破斥偏见，震发迷魂，剖陈短长，警诫骄馁，成为标示中国文化剥穷将复、

104

西方文化泰甚致否的一座里程碑。

宣言开篇即指出："中国文化问题，有其世界的重要性。……而此问题之解决，实系于我们对中国文化之过去现在与将来有真实的认识。"然而遗憾的是，由于西方人士囿于各种动机而未能真实地认识中国文化，因而出现了诸如明末耶稣会士将承续原始儒家精神而作为当时中国文化主流的宋明儒家思想误解为与原始儒家精神相对立、鸦片战争以后的汉学家局限于文物研究而将中国文化视为已死之文明、抗日战争以后的西方学者仅仅着眼于社会政治及国际关系而将现实中国与其历史文化相割裂等各种错误观点。第一种观点虽然错误，但毕竟尚未否认中国文化为中国民族的精神生命；而后两种观点则都认为中国文化与中国民族互不相干，亦即认为中国文化已经死亡。宣言对于这种观点提出了严厉批评，指出：

> 我们亦不否认，中国文化正在生病，病至生出许多奇形怪状之赘瘤，以致失去原形。但病人仍有活的生命。我们要治病，先要肯定病人生命之存在。不能先假定病人已死，而只足供医学家之解剖研究。至于要问中国文化只是生病而非死亡之证据在那里？在客观方面的证据，后文再说。但另有一眼前的证据，当下即是。就是在发表此文的我们，自知我们并未死亡。如果读者们是研究中国学术文化的，你们亦没有死亡。如果我们同你们都是活的，而大家心目中同有中国文化，则中国文化便不能是死的。在人之活的心灵中的东西，纵使是已过去的死的，此心灵亦能使之复活……但是一个自以为是在用自己之生命心血，对

人类过去之历史文化作研究者，因其手边只有这些文物，于是总易忘了此过去之历史文化之本身，亦是无数代的人，以其生命心血，一页一页的写成的；总易忘了这中间有血，有汗，有泪，有笑，有一贯的理想与精神在贯注。因为忘了这些，便不能把此过去之历史文化，当作是一客观的人类之精神生命之表现。遂在研究之时，没有同情，没有敬意，亦不期望此客观的精神生命之表现，能继续的发展下去；更不会想到，今日还有真实存在于此历史文化大流之中的有血有肉的人，正在努力使此客观的精神生命之表现，继续发展下去，因而对之亦发生一些同情和敬意。这些事，在此种研究者的心中，认为是情感上的事，是妨碍客观冷静的研究的，是文学家，政治宣传家，或渲染历史文化之色彩的哲学家的事，不是研究者的事。但是这种研究者之根本错误，就在这里。这一种把情感与理智割裂的态度，忽略其所研究之历史文化，是人类之客观精神生命之表现的态度，正是源于此种研究者之最大的自私，即只承认其研究工作中，有生命、有心血，此外皆无生命、无心血。此是忘了人类之历史文化，不同于客观外在的自然物，而只以对客观外在之自然物之研究态度，来对人类之历史文化。此是把人类之历史文化，化同于自然界的化石。这中间不仅包含一道德上的罪孽，同时也是对人类历史文化的最不客观的态度。因为客观上的历史文化，本来自始即是人类之客观精神生命之表现。我们可以说，

106

对一切人间的事物，若是根本没有同情与敬意，即根本无真实的了解……所以照我们的意思，如果任何研究中国之历史文化的人，不能真实肯定中国之历史文化，乃系无数代的中国人，以其生命心血所写成，而为一客观的精神生命之表现，因而多少寄以同情与敬意，则中国之历史文化，在他们之前，必然只等于一堆无生命精神之文物，如同死的化石。然而由此遽推断中国文化为已死，却系大错。这只因从死的眼光中，所看出来的东西永远是死的而已。然而我们仍承认一切以死的眼光，看中国文化的人，研究中国文化的人，其精神生命是活的，其著的书是活的精神生命之表现。我们的恳求，只是望大家推扩自己之当下自觉是活的之一念，而肯定中国之历史文化，亦是继续不断的一活的客观的精神生命之表现，则由此研究所得的结论，将更有其客观的意义。如果无此肯定，或有之而不能时时被自觉的提起，则一切对中国历史文化的研究，皆似最冷静客观，而实则亦可能只是最主观的自由任意的猜想与解释，在根本上可完全不能相应。

为了矫正西方人士对中国文化的误解，宣言论述了中国文化相对于西方文化所具有的特点，诸如：相对于由希腊、罗马、希伯来、日耳曼等文化所构成的西方文化的多元性，中国文化表现出夏、商、周、秦、汉以至唐、宋、元、明、清一脉相承的一本性；相对于西方文化基于其多元性而在学术上表现的分门别类、自成体系、长于思辨、精于析理，中国文化则基于其一本性而在学术上表现出要言不烦、疏于界说、通贯文史、体现生命；相对于西方文化以制度性宗教强化人的宗教精神、以超越的上帝维系人的社会关系，中国文化乃是在以内心精神生活为根据的伦理道德之中贯注超越的宗教情感，在伦理道德实践中追求天人合德、天人合一、天人不二、天人同体；等等。而最足以体现中国文化特点的，就是作为中国学术思想之核心、由孔孟递续至宋明诸儒的儒家心性之学。儒家心性之学根本不同于西方的理性灵魂论、认识论、形上学、心理学或自然人性论，它是一种具有特殊性质的道德的形上学：

> 因中国此种由孔孟至宋明之心性之学，有此种特殊的性质，所以如果一个人其本身不从事道德实践，或虽从事道德实践，而只以之服从一社会的道德规律或神之命令、与新旧约《圣经》一章一句为事者，都不能真有亲切的了解。换句话说，即这种学问，不容许人只先取一冷静的求知一对象，由知此一对象后，再定我们行为的态度。此种态度，可用以对外在之自然与外在之社会，至对超越之上帝。然不能以之对吾人自己之道德实践，与实践中所觉悟到之心性。此中我们必依觉悟而生实践，依实践而更增觉悟。知行二者，相依而进。此觉悟可表达之于文字，然他人之了解此文字，还须自己由实践而有一觉悟。此中实践如差一步，则觉悟与真实之了解，即差一步。在如此之实践与觉悟，相依而进之历程中，人之实践的行为，固为对外面之人物等的。但此觉悟，则纯是内在于人自己的。所以人之实践行为，向外面扩

大了一步，此内在之觉悟，亦扩大了一步。依此，人之实践的行为及于家庭，则此内在之觉悟中，涵摄了家庭；及于国家，则此内在之觉悟中，涵摄了国家；及于天下宇宙，及于历史，及于一切吉凶祸福之环境，我们之内在的觉悟中，亦涵摄了此中之一切。由此而人生之一切行道而成物之事，皆为成德而成己之事。凡从外面看来，只是顺从社会之礼法，或上遵天命，或为天下后世，立德、立功、立言者，从此内在之觉悟中看，皆不外尽自己之心性。人之道德实践之意志，其所关涉者无限量，而此自己之心性亦无限量。对此心性之无限量，却不可悬空去拟议，而只可从当人从事于道德实践时，无限量之事物自然展现于前，而为吾人所关切，以印证吾人与天地万物实为一体。而由此印证，即见此心此性，同时即通于天。于是人能尽心知性则知天，人之存心养性亦即所以事天。而人性即天性，人德即天德，人之尽性成德之事，皆所以赞天地之化育。所以宋明儒由此而有性理即天理，人之本心即天心，人之良知之灵明，即天地万物之灵明，人之良知良能，即乾知坤能等之思想，亦即所谓天人合一之思想。此中精微广大之说，自非我们今所能一一加以论列者。然由先秦之孔孟，以至宋明儒，明有一贯之共同认识。共认此道德实践之行，与觉悟之知，二者系相依互进，共认一切对外在世界之道德实践行为，唯依于吾人之欲自尽此内在之心性，即出于吾人心性自身之所不容自己的要求；共认人能尽此内在心性，即所以达天德，天理，天心而与天地合德，或与天地参。此即中国心性之学之传统。今人如能了解此心性之学，乃中国文化之神髓所在，则决不容许任何人视中国文化，为只重外在的现实的人与人之关系之调整，而无内在之精神生活，及宗教性形上性的超越感情之说。而当知在此心性学下，人之外在的行为，实无不为：依据、亦兼成就内在的精神生活，亦无不兼为上达天德，而赞天地之化育者。此心性之学，乃通于人之生活之内与外及人与天之枢纽所在，亦即通贯社会之伦理礼法，内心修养，宗教精神，及形上学等而一之者。

正是由于儒家心性之学的积极影响作用，所以，中华民族及其创造的中国文化得以延续数千年而不中断。儒家心性之学崇尚温其如玉的君子之德和"宽柔以教，不报无道"的"南方之强"，倡导以德性收敛人的自然生命之气力，从而蓄积生命气力的生生之源，并润泽自然身体的体质机能。儒家心性之学启导人重视生之价值，从而不仅重视自身生命的培护，亦且重视子子孙孙的延续，重视生命之传承不绝。儒家心性之学要求人以超现实的心情来调护其现实生活，从而在"极高明"的创发与"道中庸"的维持之间达到一种平衡与和谐。儒家心性之学还从道义的高度强调人须充量地拓展心胸，摄取涵容一切民族的文化，从而养成博大的性格，而博大也正是悠久的根源。总而言之，儒家心性之学正是中华民族及其创造的中国文化可久可大、悠久无疆的根本原因。

当然，相对于西方文化而言，中国文化也存在着不足之处，宣言对此直认不讳。中国文化的一个不足之处就是，由于特别注重道德实践，在任何时候都将价值判断置于首位，因此，主体在对待客观世界的态度上，往往着眼于客观世界对于自身道德修养所具有的意义及其对于人的生存所具有的实用性，从而由"正德"直接过渡到"利用""厚生"。"正德"与"利用""厚生"之间少了一个充分扩充纯粹知性的环节，这就使中国文化缺乏如同希腊哲人所开启而在西方文化中得以传承的那种为求知而求知的科学精神。也恰恰由于缺乏科学精神，故"正德"终不能通达广大的"利用""厚生"，而不免退缩为寂寞干枯的个人内在心性修养。中国文化另一个不足之处则是，由于中国历史政治，特别是在秦汉以迄明清的两千年间，均为君主专制政治，政治上的最高权力一直在君而不在民，亦不在多少代表民意的宰相政府系统，因此，中国历史政治中缺乏西方那种民主制度，以致改朝换代问题、君主继承问题、宫廷内乱问题、君权与相权的关系问题、政策的稳定性和有效性问题等等，都不能得到很好的解决，从而使得中国历史政治长期表现为一治一乱的循环局面。

不过，中国文化虽然在科学和民主方面存在不足，但并不意味着中国文化中没有科学和民主的种子。就科学来说，"我们须先承认中国古代之文化，分明是注重实用技术的。故传说中之圣王，都是器物的发明者。而儒家亦素有形上之道，见于形下之器的思想，而重'正德''利用''厚生'。天文数学医学之智识，中国亦发达甚早。在十八世纪以前，关于制造器物与农业上之技术知识，中国亦多高出于西方，此乃人所共知之事"；"由明末清初儒者之重水利、农田、医学、律历、天文，

111

经颜元、戴东原，以直至清末之富强运动，此中仍一贯有欲由对自然之知识，以达于正德兼利用厚生之要求，注于其中"。就民主来说，"自中国最早的政治思想上说，即以民意代表天命。故奉天承命的人君，必表现为对民意之尊重，且须受民意之考验"；"儒道二家之政治思想，皆认为君主不当滥用权力，而望君主之无为而治，为政以德。此固只是一对君主之道德上的期望。但儒家复推尊尧舜之禅让，及汤武之革命，则是确定的指明'天下非一人之天下，而是天下人之天下'及'君位之可更迭'，并认为政治之理想，乃在于实现人民之好恶。此乃从孔孟到黄梨洲，一贯相仍之思想……从儒家之肯定：天下非一人之天下，并一贯相信在道德上，人皆可以为尧舜为贤圣，及民之所好好之，民之所恶恶之等来看，此中之天下为公，人格平等之思想，即为民主政治思想根源之所在"。因此，在认清中国文化之缺陷的前提下，只要中国人自觉地将作为道德主体的自我暂且让位于作为认识主体的自我，并充量地普及天下为公、人格平等的道德观念以成就作为政治主体的自我，则认识主体和政治主体的确立，是可能补足中国文化所欠缺的科学与民主的。

中国文化相对于西方文化存在着不足，这只是中西文化比较的一个方面。另一方面，西方文化相对于中国文化乃至东方文化而言，也存在着诸多严重问题。由文艺复兴、宗教改革、启蒙运动所造就的突飞猛进的近代西方文化，虽然使世界上其他所有古老文化皆望尘莫及，但也络绎导致宗教战争、民族国家战争、劳资对立冲突、殖民地掠夺、帝国主义战争乃至核战争的危险。究其根本原因，在于西方文化固有的缺点，此即

"强烈的权力意志、征服意志"和"一往的理性","他只是运用一往的理性，而想把其理想中之观念，直下普遍化于世界"，由此不仅导致西方世界内部的剧烈冲突，而且在东西方之间也造成巨大的隔阂。有见于此，宣言明确提出："西方人如真欲其对人之态度，与其自身之精神，再进一步，或真欲与东方人、亚洲人及非洲人接触，以调整人类关系，谋取世界和平，以保西方文化本身之永远存在于人间世界；则我们认为西方人之精神理想，尚可再上升进一步，除由承继希腊精神、希伯来精神，而加以发展出之近代西方之精神以外，尚可有学习于东方之人生智慧，以完成其自身精神思想之升进者。"

宣言提出西方文化应向东方文化学习的第一点，是"当下即是"之精神与"一切放下"之襟抱：

> 西方文化精神之长处，在其能向前作无限之追求，作无穷之开辟。但在此向前追求、开辟之精神状态中，人虽能以宗教上之上帝为托命之所，而在真实生活中，其当下一念，实是空虚而无可在地上立足。由此念念相续，亦皆实空虚而无可在地上立足。于是西方之个人与国家，必以向前之追求开辟，填补其当下之空虚。当其追求开辟之力量，随自然之生命之限制，或外来之阻限，而不能不停顿时，其个人之生命，国家之生命亦可能同时倒下。故西方之老人，多为凄凉寂寞之老人；而西方历史上之强国，常为一仆不起，或绝灭不世之强国。中国文化以心性为一切价值之根源，故人对此心性有一念之自觉，则人生价值，宇宙价值，皆全部呈显，圆满具足。人之生命，

即当下安顿于此一念之中，此即所谓"无待他求，当下即是"之人生境界。中国以知进而不知退，为人生之危机，而此正西方文化之特点。其所以不知退，则因在其当下精神中，实无可立足之地。则由当下即是之生活智慧，可与西方人以随时可有立足之地。此即可增加西方文化自身之安全感与坚韧性。

其次，西方以承希腊精神之重智而来之文化活动，必表现为概念之构成。此为成就知识之必需条件。但西方人士之沉浸于概念知识之积累者，无形中恒以概念积累之多少，定人生内容之丰富与否。此固有其一面之意义。但概念之本身，对具体之人生而言，本有一距离，且有其局限，易造成阻隔。人之精神中如时时都背负一种概念的东西，则胸襟不能广大空阔。此缺点，首表现为西方人之不易与东方人有真实的 Authentic 接触……此种概念的东西，包括我们预定的计划目标，用以联系人之抽象理想，用以衡量人之抽象标准、成见、习见等。这些东西在我们求与人有真实接触时，都应一切放下。唯由此放下，而后我与人才有彼此生命之直相照射，直相肯定，而有真实的了解……此放下之智慧，印度思想中名之为空之智慧，解脱之智慧。在中国道家称之为虚之智慧，无之智慧。中国儒家称之为"空空如也""毋意、毋必、毋固、毋我""廓然大公"之智慧。由此种智慧之运用，去看生活中之一切经验事物、理想事物，都要使之成为透明无碍。于是人虽可照常的有概念的知识、理想，但他可以无执着，无执着则虽有而能超越此有，若无若有。这种智慧，要使百万富翁，觉其身无长物；使大政治家，觉"尧舜事业何异浮云过太虚"；使一切大科学家、大哲学家之口，如"挂在壁上"；使一切大传教师，自觉"无一法与人"；使一切外交家，自觉只是临时的宾客。这种放下的智慧之表现于印度之哲学宗教中；中国之儒道禅宗之人物之思想与风度中，及中国之文学与艺术中者，实值得西方人之先放下其文化传统中之观念，去体会、欣赏、涵泳，然后知其意味之无穷。而其根源仍在于当下即是，一切平等之人生境界。

宣言提出西方文化应向东方文化学习的第二点，是"圆而神"的智慧：

所谓"圆而神"，是中国《易经》里的名词，与"方以智"对照的。我们可说，西方之科学哲学中，一切用理智的理性所把握之普遍的概念原理，都是直的。其一个接一个，即成为方的。这些普遍的概念原理，因其是抽象的，故其应用至具体事物上，必对于具体事物之有些方面，有所忽，有所抹杀；便不能曲尽事物之特殊性与个性。要能曲尽，必须我们之智慧，成为随具体事物之特殊单独的变化，而与之宛转俱流之智慧。这种智慧之运用，最初是不执普遍者，把普遍者融化入特殊，以观特殊，使普遍者受一特殊之规定。但此受某一种特殊之规定之普遍者，被人自觉后又成一普遍者；又须不执，再融化入特殊中，而空之。于是人之心灵，可再进一步，使其对普遍者之执，可才起即化，而只有一与物宛转之活泼周遍之智慧之流行。因此中对普遍者之执，才起即化，即如一直线之才向一方伸展，随即运转而成圆，以绕具体事物之中心旋转。此即为一圆而神之智慧。或中国《庄子》思想所谓"神解""神遇"，《孟子》所谓"所过者化，所存者神，上下与天地同流"……此种智慧不只是一辩证法的智慧，而略近于柏格森之所谓直觉。辩证法之智慧，是以一普遍者规定一具体实在后，再即观其限制，而更涌现一较具体化之普遍者以观物。此中之普遍，仍是一一凸出于意识之前的。而此种圆而神之智慧，则可对一切普遍者之执，才起而不待其凸出，即已在心灵之内部超化。于是在人之意识之前者，唯是一与物宛转之活泼周运之圆而神的智慧之流行。故略近于柏格森之所谓直觉。但柏格森之直觉，只是其个人之哲学观念。而中国人则随处以此圆而神之智慧，体会自然生命，观天地化几，欣赏赞美活的人格之风度，以至以此智慧观时代之风会气运之变，并本此智慧，以与人论学，而应答无方，随机指点，如天籁之流行。而我们在中国之文学艺术，与《论语》、《孟子》、《世说新语》、禅宗语录、宋明语录及中国先儒之论学书信中，皆可随处发现此种智慧之流行。是皆待于人之能沉潜涵泳于中国文化之中，然后能深切了解的。西方人亦必须有此圆而神之智慧，乃能真与世界之不同民族、不同文化相接触，而能无所阻隔，并能以同情与敬意之相遇，以了解其生活与精神之情调与心境；亦才能于其传统文化中所已认识之理性世界、知识世界、上帝世界、技术工业世界，分门别类的历史人文世界之外，再认识真正的具体生命世界，与人格世界与历史人文世界中一切，而与之感通。而西方之学者，亦才能于各自著书立说，自成壁垒之外，有真正的交谈，而彼此随时能相悦以解。

宣言提出西方文化应向东方文化学习的第三点，是一种温润而恻怛或悲悯之情：

西方人之忠于理想，及社会服务之精神，与对人之热情与爱，都恒为东方人所不及，这是至可宝贵的。但是人对人之最高感情，不只是热情与爱。人之权力意志与占有之念，都可透入于人对人之热情与爱之中。要使此权力意志与占有之念不透入，在西方主要赖其宗教信仰，所陶冶之谦卑，及视自己之一切功德，皆所以光荣上帝，服务于上帝，亦由上帝之恩典而来之种种心情。但是人之权力意志，亦可借上帝作后盾，自信自己之所行，已为上帝所嘉许，而更向前施展。人亦可以私心想占有上帝，如在战争中与人冲突时，祈祷上帝帮助自己。此处上帝之道与人心之魔，又可俱生并长。于是基督教又有对敌人及一切罪人之宽赦 Forgiveness，以求去此病。但是对人之绝对的宽赦，亦可化为对世间一切之"放弃" Renunciation，而只求自己个人之道福。如要去此"放弃"之病，则仍须再重视爱与热情。此成了一圆圈，而爱与热情

117

中，仍可有权力意志与占有之念。问题仍无究竟之解决。要使此问题有究竟之解决，只有人在开始对人之热情与爱中，便绝去其权力意志与占有之念之根。要去此根，则爱必须真正与敬同行。爱与敬真正同行，其涵义之一，是如我觉我对人之爱，是源于上帝，其泉源是无尽的上帝之爱，则我们对他人之敬，亦同样是无尽之敬。而此中对人之敬，亦可是敬人如敬上帝。中国所谓仁人之"事亲如事天""使民如承大祭"，即此之谓。此处不容许一个回头自念，自己是信上帝的，知道上帝之爱的，而对方却不是。如此一想，则觉对方比我低一级，而我对人之敬，则必有所不足。对人若须有真实之敬，则必须对人有直接的、绝对的、无条件的、真视"人之自身为一目的"的敬。能有此敬，则人对人之爱，皆通过礼而表现之，于是爱中之热情，皆向内收敛，而成温恭温润之德。而人对人最深的爱，则化为一仁者恻怛之情。此可通于佛家之悲悯。恻怛悲悯，与一般之爱之不同，在一般之爱，只是自己之生命精神之感情，视人如己的向人流注。此处之视人如己，即可夹杂"对人加以占有之念"之泥沙并下。而恻怛悲悯，则只是自己之真实存在之生命精神，与他人之生命精神间之一种忐忑的共感，或共同的内在振动，此中，人对人自然有真正的同情，亦有情流，向人流注。但这些情流，乃一面向外流注，一面亦为自己所吞咽，而回到自己，以感动自己；遂能将此情流中之夹杂的泥沙，加以清洗。

宣言提出西方文化应向东方文化学习的第四点，是如何使文化悠久的智慧：

现代西方近代文化，固然极精彩灿烂，但如何能免于如希腊罗马文化之衰亡，已有不少的人忧虑及此。照我们的意思，文化是各民族精神生命之表现。依自然的道理，一切表现，都是力量的耗竭。耗竭既多，则无一自然的存在力量能不衰。人之自然的精神生命之力，亦然。欲其不衰，人必须一方面有一上通千古、下通万世之由历史意识所成之心量，并由此心量，以接触到人心深处，与天地万物深处之宇宙生生之原（源）。此宇宙生生之原，在西方人称为上帝。由西方之宗教生活，人亦可多少接触此宇宙之生生之原。但是一般宗教生活，只赖祈祷与信仰，来接触上帝。上帝之对于人，终不免超越而外在，而人只想上帝之永恒，亦尚未必即能直下有上通千古、下通万世之历史意识所成之心量。且由祈祷信仰，以与此宇宙生生之原之上帝接触，乃是只以人之超越向上的心灵或精神与之接触，此尚非直下以吾人生命存在之自身与之接触。要使生命之存在自身与之接触，吾人还须有一段大工夫。此一段大工夫之开始点，乃在使吾人生活中之一切向外表现之事，不只顺着自然的路道走，而须随时有逆反自然之事，以归至此宇宙生生之原，而再来成就此自然。这正是我们以前所说之中国历史文化，所以能长久所根之智慧。这个智慧不只是一中国哲学的理论，而是透到中国之文学、艺术、礼仪之各方面的。依这种智慧，中国人在一切文化生活上，皆求处处有余不尽，此即所以积蓄人之生命力量，使之不致耗竭过度，而逆反人之自然的求尽量表现一切之路道，以通接于宇宙生生之原者。而以此眼光，看西方近代文化之只求效率之快速，这中间正有一大问题存在。在当前的世界，以中国人从前之尚宽闲从容之态度来应付，固然很多不适宜之处。但是近代西方世界，带着整个人类奔驰。人纵皆能乘火箭到星球世界，而一人飞上一个星球，还是终沉入太空之虚无。此并未得人类文化以及西方文化自身，真正长久存在之道。西方人亦终当有一日会感到只有上帝之永恒，而无历史文化之悠久，人并不能安居乐业于此世界，到星球中，亦不可久居。这时西方人当会发展出一上通千古下通万世之心量。并本此心量，以接触宇宙生生之原，而生活上处处求有余不尽之价值，并会本此心量，而真重视到父母祖宗之孝，并为存宗祀而生子孙，为承继祖宗遗志而求文化之保存与延续，以实际的实现文化历史之悠久。

宣言提出西方文化应向东方文化学习的第五点，是天下一家的情怀：

中国人自来喜言天下与天下一家。为养成此情怀，儒家、道家、墨家、佛家之思想，皆有所贡献。墨家要人兼爱，道家要人与人相忘，佛家要人以慈悲心爱一切有情，儒家要人本其仁心之普遍涵盖之量，而以"天下为一家，中国为一人"，本仁心以相信

"人皆可以为尧舜"，本仁心以相信"东西南北海，千百世之上，千百世之下之圣人心同理同"。儒家之讲仁，与基督教讲爱，有相通处，因基督教之爱，亦是遍及于一切人的。

但是基督教要先说人有原罪，其教徒是本上帝之意旨，而由上至下，以救人。儒家则多信人之性善，人自身可成圣，而与天合德。此是一冲突。但教义之不同处，亦可并行不悖，而各有其对人类与其文化之价值。但在养成人之天下一家之情怀上，则我们以为与其只赖基督教思想，不如更多赖儒家思想。此乃由以基督教为一制度的宗教，有许多宗派之组织，不易融通。基督教有天堂观念，亦有地狱观念；异端与不信者，是可入地狱的。则各宗派间，永不能立于平等之地位，而在自己之教会者与不在者，即分为二类，而一可上天堂，一可入地狱。如此，则基督教对人之爱虽似一无条件，仍可以有一条件，即信我的教。此处实有一极大之问题。照儒家的意思，则只要是人，同有能成圣而与天合德之性。儒家并无教会之组织，亦不必要人皆崇拜孔子，因人本皆可成圣而同于孔子。此即使儒家之教，不与一切人之宗教成为敌对。儒家有天地之观念，而无地狱之观念，亦无地狱以容异端。"万物并育而不相害，道并行而不相悖"，乃儒家之信仰。则人类真要有天下一家之情怀，儒家之精神实值得天下人之学习，以为未来世界之天下一家之准备。此外，东方之印度之佛教、婆罗门教，同有一

121

切人可成佛，而与梵天合一之思想，而可足养成人之天下一家之情怀者。此各种东方之思想，亦同连系于东方之文学艺术礼仪，而同值得西方人加以研究而学习者。

宣言最后指出："我们记得在十八世纪前的西方曾特别推崇过中国，而十九世纪前半的中国，亦曾自居上国，以西方为蛮夷。十九世纪的后半以至今日，则西方人视东方之中国等为落后之民族，而中国人亦自视一切皆不如人。此见天道好还，丝毫不爽。但是到了现在，东方与西方到了应当真正以眼光平等互视对方的时候了。中国文化，现在虽表面混乱一团，过去亦曾光芒万丈。西方文化现在虽精彩夺目，未来又毕竟如何，亦可是一问题。这个时候，人类同应一通古今之变，相信人性之心同理同的精神，来共同担负人类的艰难、苦难、缺点、同过失，然后才能开出人类的新路。"

宣言从申辩中国文化具有生命力出发，通过剖陈中国文化的独特性、优长点，最终达至当代中西文化应当平等互视、互相学习的结论。宣言虽然承认中国文化在科学和民主方面存在不足，并承认这种不足对于中国民族充量地发展利用厚生，以及通过政治主体的全面落实而达至道德主体的普遍实现形成严重障碍，但认为，相对于基于一往的理性而扩张征服、不知停顿地耗竭生命的西方文化来说，中国文化的不足乃是在自觉的前提下可能得以逐步弥补的，而西方文化的缺陷，若不改弦更张，则将是致命的。宣言尽管往往以东方文化的名义发论，但其立场无疑在于中国文化，而根本点则在于儒家心性之学。宣言基于儒家心性之学所表述的关于中西文化的观点诚然不必为西方人士所普遍接受，但在西方文化一家独大的百年横流中提出这些观点，其意义首先在于将代表中国文化的当代新儒家的声音传播到世界，同时向已经习惯于作为"教导型文明"的西方提出深刻的警告。所有这些，使宣言成为当代新儒家的一篇重要文献。这篇文献的形成，由唐君毅动议和执笔，虽然其中吸收了牟宗三、徐复观、张君劢三位先生的观点，但主要还是体现了唐君毅的思想视域。

第7章

大哲卓立

心之本体的通贯

自从在 1944 年出版的《道德自我之建立》中确立"心之本体"之后，这一本体范畴便一直为唐君毅所持循，并络绎表现于他的一系列论著之中。

1953 年，唐君毅出版《中国文化之精神价值》。此书以西方文化为参照，综论中国文化、宗教、哲学、学术之起源，中国先哲之自然宇宙观、心性论、道德理想论，以及中国人在农业生产、家庭生活、社会关系、政治活动、人格理想乃至教育、艺术、文学、信仰诸方面所表现的精神特质。对于这部洋洋三十余万言、"自谓有进于以前论中西文化者，而颇详人之所略"的著作，唐君毅一言以蔽之曰："余以中国文化精神之神髓，唯在充量的依内在于人之仁心，以超越的涵盖自然与人生，并普遍化此仁心，以观自然与人生之一切，兼实现之于自然与人生而成人文。此仁心即天心也。此义在吾书，随处加以烘托，以使智者得之于一瞬。"这显然是以超越而内在的心之本体作为悠久而博大的中国文化的始基。由于唐君毅此著专论中国文化，故而他特别突出了心之本体对于中国文化的意义，然而这并不意味着心之本体仅仅局限于时空一隅而不具有普遍性。在1954年出版的《心物与人生》第二部中，他就揭示了人类文化皆源于心灵精神之求实现真善美等价值这一主旨，无疑是将心之本体作为整个人文宇宙之根本。

1955年，唐君毅又一部重要著作《人文精神之重建》出版。此书从科学世界、人文世界、理想世界诸层面，综论中西文化源流及其精神之异同，并涉及中印宗教道德与人生智慧的互通，其主旨在于"疏解百年来吾人所感受的中西古今之若干文化思想观念上的冲突，而向往一和融贯通而分途开展之理想的人文世界"。在此书附录《我对于哲学与宗教之抉择——人文精神之重建后序兼答客问》中，唐君毅以思想自传的形式，陈述了自己所宗主的哲学观念与宗教信仰。关于哲学观念，唐君毅说："在此科学知识所及世界外，即把一切可能成科学知识之对象全部合起来所构成之世界外，仍然有另外的世界。此即关连于人之实践理性或情意之审美活动、实际行为活动、宗教信仰活动所发现之世界。而这一切活动（包含纯粹求知活动）与其所发现之世界，则共统摄于人之超越自我……而个人之能在原则上，或在特殊情形下，判断此各种活动与其成果之价值之高下，决定选择那一种，亦即此自我之价值意识，或良知。良知判断我之科学的纯知活动之价值，判断我之实际行为之价值，判断我之艺术活动宗教活动之价值，即是看此等等之是否合乎自己之内在的向往或标准，是否合乎良知之理。凡合者，谓之是；不合者谓之非。良知是是而非非，亦即善善而恶恶，是为人一切智慧道德实践之原，人生之内在的至高无上的主宰……而一切根据一种科学，以至综合各种科学之结论而成之哲学，与一切只将纯知的理性客观化与依纯知理性去识取外在的共相形式之哲学，亦皆不能真参透到宇宙人生之本源。因为这一切哲学，皆不知唯有能自觉其纯知活动而肯定其价值之自我之良知，能为一切纯知活动及此一切哲学之所依以存在者。而此自我之良知，则永能自己肯定其自身之价值，肯定其自己之应有与当存在，因而自己为其自己所内具之价值，及所由存在之来源。亦即能自己肯定自己之为人生活动之本源者。而人欲参透入宇宙之形上的本源，或绝对的天理之所在，亦只有由此良知，与其所肯定之全幅人生之有价值之活动以透入。"

唐君毅在此以"超越自我"亦即"自我之价值意识"或"良知"作为人类一切活动及其所发现之世界的主宰，以及一切哲学所以存在的根据，乃至主体契合"宇宙之形上的本源"或"绝对的天理"的唯一途径，这显然是将"超越自我"或"自我之价值意识"或"良知"作为其哲学观念的宗主；而"超越自我"或"自我之价值意识"或"良知"，也就是那个较之生灭、虚幻、残忍不仁、不完满的现实世界更加恒常、真实、善。与完满的心之本体。

关于宗教信仰，唐君毅认为，尽管指向各自形上存有之信仰的各种宗教存在着高下偏全的差异，但只要是高级宗教信仰，则基本上都以良知作为其本质特征。他说："依良知为标准，我们可说一切高级宗教中之超越信仰，皆出自人之求至善至真完满无限永恒之生命之要求，求拔除一切罪恶与苦痛之要求，赏善罚恶以实现永恒的正义之要求，因而是人所当有的……因为通过人之良知，去看此不完满而充满罪孽苦痛之自然世界现实世界，正是人望由道德实践加以改造，加以否定的；亦即透过我们之道德实践来看，当成为非真实，正逐渐成为非真实，而其本性即为非全真实者。"又说："依良知之标准，我们可说一切高级宗教中所讲之上帝、阿拉、梵天，在究竟义上都不能与人之良知为二，而相隔离。如为二，则此二亦必须通过良知之肯定。此肯定即已通二为一，或使二者之关系成不离之相保合的关系。"

就基督教、回教、佛教与儒教来说，由于前三种宗教或以人的良知或灵魂被原罪所障蔽，必须依赖上帝拯救，或以人的良知或如来藏心被俗见所染污，染污不净则良知终晦，故皆不能直接肯定人的良知。唯儒教则以人只要反身而诚，即在一切罪恶心、染污心中，皆可当下显发良知，返本见性。有见于此，唐君毅在信仰上宗主儒教，而究其实质，当然还是宗主良知，亦即心之本体。

至于 1958 年出版的《中国人文精神之发展》和《文化意识与道德理性》，1961 年出版的《人生之体验续编》，以及 1973 年出版的《中国哲学原论·原道篇》，也都贯穿着对于心之本体的张扬。《中国人文精神之发展》所收十六篇文章，阐述科学、民主与道德、宗教之关系，其主旨在于说明，人文精神之发展、道德意识之提升，理当与科学理智之发展、民主观念之提升并行不悖，相得益彰，但在根本上，反求于本心的道德意识，终当为驰骛于外物的科学理智和民主观念的主宰。

《文化意识与道德理性》凡十章，分别论述家庭意识、经济意识、政治意识、科学意识、哲学意识、艺术意识、文学意识、宗教意识、体育意识、军事意识、法律意识、教育意识与道德理性之关系，全书中心意旨在于显示，人类一切文化活动，均统属于道德自我或精神自我、超越自我，而为其分殊的表现；一切文化活动之所以能够存在，皆依于道德自我为之支持；道德自我是一、是本、是涵摄一切文化理想的，而文化活动则是多、是末、是成就文明之现实的。《人生之体验续编》七篇，相较于二十年前写作的《人生之体验》，更多地注意到人生在追求心性超升的过程中时刻存在着的堕落趋向，从而承认人生实为超升与堕落交战之区，亦即上帝与恶魔互争之场。但指出人生的这种善恶二向性，完全不意味着对于道德心性的否弃，而恰恰在于警醒一切人生执定道德心性，杜绝堕落趋向，从而实现道德自我和太和世界。《中国哲学原论·原道篇》综论"道"在中国古代哲学思想史上的一以贯穿及其多向开展，而其宗趣，则不外于追溯中国前哲所开之诸方向之道，其本始乃在于民族生命心灵原有之诸方向，不外于突出"中国人之文化与哲学智慧之本原，即在吾人此身之心灵生命之活动者"。当然，这也不是说唯有中国文化与哲学智慧才本于民族生命心灵之活动方向；此书"视中国哲学为一自行升进之一独立传统，自非谓其与西方、印度、犹太思想之传，全无相通之义。然此唯由人心人性自有其同处，而其思想自然冥合"，因此，通过阐论中国之"道"本诸民族生命心灵之活动这一个案，可以概见人类哲学思想无非由生命心灵所流出。

综上可见，自 20 世纪 40 年代发明心之本体之后，唐君毅便始终秉持这一范畴来思考人生、社会、历史、文化乃至自然诸问题。尽管在不同时期不同著作中他使用了诸如本心、仁心、天心、良知、道德理性、道德自我、精神自我、超越自我、生命心灵、绝对天理、宇宙之形上本源等概念，但所有这些概念不过是心之本体的不同表达方式。在他看来，真实人生乃是基于心之本体而不断超升的过程，社会历史乃是随着赋有心之本体的主体不断超升而日益完善的时空，文化乃是赋有心之本体的主体所创造并主宰的人文宇宙，而自然则是由心之本体所直接变现以为人文宇宙所安立的托命之所。由此，他的哲学思想体现出鲜明的道德理想主义倾向和深沉乐观的人文主义信念。这一特征，在他生平最后一部巨著《生命存在与心灵境界》中，得到充分表现。

生命三向与心灵九境

早在 20 世纪 40 年代，唐君毅就有心写作一部综括知识论、形上学和人生哲学的体系化著作，但因考虑到涉及的问题非常广泛而复杂，故迟迟未予动笔。在此期间，他有关人生哲学的思想观点，陆续表现于 1944 年出版的《人生之体验》与《道德自我之建立》、1954 年出版的《心物与人生》、1955 年出版的《人文精神之重建》、1958 年出版的《文化意识与道德理性》和 1961 年出版的《人生之体验续编》等著作中；而关于认识论与形上学的思想观点，则在 1961 年出版的《哲学概论》和 1966 至 1975 年间出版的《中国哲学原论》四卷中稍有述及。1964 年，陈太夫人逝世，唐君毅于丧母的哀痛之中，曾动念废止著述之事。两年后，他又因左眼视网膜脱落而有失明之患，这使他更感到要完成一部规模宏大的著作几无可能。但当他从丧母之痛中稍得解脱，而目疾也终于未至失明，于是哲学建构的心志重又萌动，遂于 1967 年春夏之间写成《生命存在与心灵境界》初稿，次年又对全稿改写一遍。此后七八年间，唐君毅对该书稿反复增删修改，最终于 1976 年春，基于"世变日亟，吾目疾是否复发，或更有其他病患，皆不可知"的考虑而决定将书稿交由台湾学生书局付梓。由此似乎透露出唐君毅对于冥冥定数的先知。当年 8 月，他便被检查出肺癌；一年半后，他便与世长辞了。若非提前半年决定将书稿付梓，他可能很难亲自校对书稿，也必将见不到《生命存在与心灵境界》这部巨著的出版了。

关于《生命存在与心灵境界》的大旨，唐君毅自承不出于《人生之体验》与《道德自我之建立》"此二书所规定者之外"，所谓"千回百转，仍在原来之道上"，"数十年来吾之为学，实只做得为吾少年时之此数度之经验之说明与注脚之事"。此所谓"原来之道"以及"吾少年时之此数度之经验"云云，一言以蔽之，即"此心之能自觉之一义"。对于此义，唐君毅称："吾于十五岁时，即见及，终身未尝改。"由此可见，《生命存在与心灵境界》如同《人生之体验》和《道德自我之建立》一样，不过在于表现心之本体的觉他与自觉。当然，三十余年的学思毕竟自有其进境，这在唐君毅的思想上表现为"斩伐此中思想义理上之葛藤"，亦即去除早先所历之枉用心思，而在其著述形态上则表现为由"带文学性，而宛若天外飞来之独唱、独语"的思想随笔，转变为"纯哲学之论述"的体系化著作。

《生命存在与心灵境界》一书的内容，在于阐论作为生命存在的人的种种心灵活动与其所感通的种种境界的关系，其旨归则在于将人的生命心灵导向宇宙人生唯一至善光明之绝对真实之神圣心体。所谓境界，不仅包括客观事物，而且包括心灵对于事物之意义的把握，甚至包括心灵对于内在目的理想的反观，故境界乃是虚实相兼、主客通融的。唐君毅说："物在境中，而境不必在物中，物实而境兼虚与实。如云浮在太虚以成境，即兼虚实。又物之'意义'亦是境。以心观心，'心'亦为境。"而生命心灵感通境界的种种活动，要不过观其层位、种类、次序三种。观层位者为纵观，观种类者为横观，观次序者为顺观；纵观见体，横观得相，顺观呈用。此即构成生命心灵活动之三向。唐君毅说："此上所说心灵活动与其所对境之种种，有互相并立之种种，有依次序而先后生起之种种，有高下层位不同之种种。此互相并立之种种，可称为横观心灵活动之种种；依次序而先后生起之种种，可称为顺观心灵活动之种种；有高下层位不同之种种，可称为纵观心灵活动之种种。凡观心灵活动之体之位，要在纵观；观其相之类，要在横观；观其呈用之序，要在顺观。……综观此心灵活动自有其纵、横、顺之三观，分循三道，以观其自身与其所对境物之体、相、用之三德，此即心灵之所以遍观通观其'如何感通于其境之事'之大道也。"生命心灵活动之纵、横、顺三向，感通于由事物构成的客观境、由感觉及意义构成的主观境、由目的理想构成的超主观客观境，分观三境之体、相、用三德，由此构成心灵九境。唐君毅说："上文既说顺观、横观、纵观之义，及体、相、用之义，即可更说此书之旨，不外谓吾人之观客体、生命心灵之主体，与超主客体之目的理想之自体——此可称为超主客之相对之绝对体，咸对之有顺观、横观、纵观之三观，而皆可观之为体，或为相，或为用。此即无异开此三观与所观三境之体、相、用，为九境。"

九境之第一境（客观境第一境），为万物散殊境，于其中观个体界。一切关于个体事物之史地知识，个人之自求生存、保其个体之欲望，皆根于此境。而一切个体主义之知识论、形上学与人生哲学，皆归为此境之哲学。之所以将此境定为九境之初始，唐君毅解释说："人之生命心灵活动，初不能自观其为体与其相用。人之知，初乃外照而非内照，即觉他而非自觉。人之知，始于人之生命心灵活动之由内而外，而有所接之客境，此乃始于生命心灵活动之自开其门，而似游出于外，而观个体之事物之万殊。"

九境之第二境（客观境第二境），为依类成化境，于其中观类界。观类之要，在于观物之共相；更观一物出入于类所成之变化。一切关于事物之类的知识，人之谋求延续其种类以成就家族之事，人之依社会风俗习惯而行之生活，乃至人类社会之职业分化，皆根于此境。而一切以事物种类为基础的知识论、形上学与人生哲学，皆归为此境之哲学。

九境之第三境（客观境第三境），为功能序运境，于其中观因果界、目的手段界。由此可见一物与他物之因果关系，人借物以成事之目的手段关系，此即一功用之次序运行的世界。一切以事物之因果关系为中心的自然科学、社会科学知识，人为其生存于自然或社会之目的而形成的应用科学知识，人以手段达到目的之行为及其功名事业心，皆根于此境。而一切以事物的因果关系为基础的知识论、依因果观念而建立的形上学，以及功利主义的人生哲学，皆归为此境之哲学。

以上首三境，均属与主体之生命心灵相对之客体世界。客体世界中的事物，对于主体之生命心灵而言，皆为他者。主体在此三境中的生命心灵活动，皆在觉他；其用语言陈述此所觉，主要在于指示其所觉之客体；而主体对于觉他的生命心灵自身，则往往尚不自觉。觉他在主体之生命心灵活动中，乃是一个必不可少的初始阶段。由此形成的知识与哲学，也永远有其存在的理由。唐君毅说："如人性情之对境，先有一以主观向客观，而相对为内外之方向。在此方向中，人之依其性情之感境而俱有之思想之明，皆向外照射，以求如实知其所对境，而视为现实境……人于此现实境中，乃观一一现实事物之个体而辨其类，明其因果，形成种种史地自然科学、社会科学之知识。此种知识与哲学，皆人之原始之思想之明，或心灵之光辉之向外照射，必然有的表现与成果。人不有此一原始之思想之明与心灵光辉之如此照射，无人能更有其他方向之思想与知识。在哲学上，亦永有客观主义、自然主义、现实主义一型之哲学之存在，无任何哲学能加以毁灭者。"

九境之第四境（主观境第一境），为感觉互摄境，于其中观心身关系与时空界。此境与万物散殊境相应，亦以体义为重，但两境之体的主客层位不同。在此境中，主体先知客体之物相及其所在之时空，皆内在于自己的感觉以及缘感觉而起的自觉反观心灵；进而理性地推知一切客体在某种意义上皆为能感觉的主体，于是此主体与其他诸主体既各自独立，又互相涵摄。一切人缘其主观感觉而有之记忆、想象之知，人对时空秩序关系之知，人对其个体与所属类之外之事物的纯感性的兴趣欲望，人由相互感摄、相互模仿的身体动作而成之社会风气，等等，皆根于此境。而一切关于心身关系、感觉、记忆、想象与时空关系之知识论，心身二元论或唯身论、泛心论之形上学，注重人与其感觉境相适应以求生存之人生哲学，皆归为此境之哲学。

九境之第五境（主观境第二境），为观照凌虚境，于其中观意义界。此境与依类成化境相应，亦以相义为重，但两境之相有形态与意义之不同。在此境中，人可以凌虚而观照的心灵，发现一游离实体的纯相或纯意义的世界。此纯相或纯意义，可由语言、文字、符号或声音、形状表示。一切人对纯相或纯意义之直观而有之知，诸如对文字意义之知、对文学艺术的审美之知、对数学几何学的数形关系之知、对逻辑命题的真妄关系之知、对宇宙人生的意义之知，皆根于此境。而重视对纯相或纯意义之直观的现象学知识论、致思于纯相之存在地位的形上学、理想的或审美的人生哲学，皆归为此境之哲学。

九境之第六境（主观境第三境），为道德实践境，于其中观德行界。此境与功能序运境相应，亦以用义为重，但两境之用有客体功用与主体德用之不同。一切人之本道德良心所知之道德观念和伦理学、道德学知识，以及人的道德行为、道德生活和道德人格之形成，皆根于此境。而一切以道德理性为基础的知识论、形上学、人生哲学，皆归为此境之哲学。

以上中三境，均属以主摄客境。主体在此三境中的生命心灵活动，皆不在于觉他，而在于自觉；其用语言陈述此所觉，则主要不在于对外有所指示，而在于表示其所自觉。由觉他到自觉，也是主体生命心灵活动的一个必然阶段。由此形成的知识与哲学，同样永远有其存在的理由。唐君毅说："然人之思想，自另有一方向，即当其性情之感境，而觉性情之所望，与现实境之所是，互相违反之时，人即自觉其主观目的，而折回其心灵光辉之外照，而反观其自身之主观感情与主观感觉、想象、思想等，知其主观经验世界之真实，而有经验主义。更由其于主观想象思想之世界中，能发现种种合理性之普遍的意义，并求与主观之感觉感情相连的主观目的之理性化，而形成一理性化的目的，是为理想。人于有理想时，即见有一当然之理想与实然之现实世界之相对。于此即可有观照此想象思想世界中之普遍意义，而视之为实之超越的实在论，现象主义、观照主义，与理性主义及一般之主观的道德主义之哲学，亦有纯粹之数学几何学逻辑文学艺术等之哲学。依此人主观的目的理想之求实现而未能，又可形成为种种心物二元、灵肉二元、心身二元论形态之哲学。人若未尝有求实现主观目的理想，而未能之时，则无二元论。然人皆有求实现主观之目的理想而未能之时，而人即无不可在一时为二元论者。一切哲学中之二元论思想，亦以此之故，而永不能绝。"

九境之第七境（超主观客观境第一境），为归向一神境，于其中观神界。此境以一神教中居于最高地位的实体神为主。在此境中，生命心灵活动以至高无上的神为归依。

九境之第八境（超主观客观境第二境），为我法二空境，于其中观法界。此境以佛教揭橥的诸法之性相为重。在此境中，生命心灵活动要在勘破遍计所执相、依他起相，而得圆成实相，由此主体得以遍破法执我执，了悟真如性空，从而彰显佛心佛性，以至超升成佛。

九境之第九境（超主观客观境第三境），为天德流行境或尽性立命境，于其中观性命界。此境以儒家指明的性命之流行大用为重。在此境中，生命心灵活动要在尽主观之德性，以立客观之天命，使天德之流行即体现为人德之流行，而人极于是乎挺立。

以上后三境，仍属以主摄客境，但更超主客之分，并由自觉而至于超自觉。主体在此三境中的生命心灵活动，皆须化知识为智慧，即存在识价值，合能所，兼知行，从而成就其有真实价值之生命存在。由自觉到超自觉，一般来说也是具有理想指向的主体生命心灵活动的一个发展阶段。由此形成的知识与哲学，不再仅仅是学说，而已成为生活生命之教，亦有其永远存在的理由。唐君毅说："吾所尊尚之哲学，乃顺人既有其理想而求实现，望其实现，而更求贯通理想界与现实界之道德学兼形上学之理想主义之哲学。依此哲学言，人有理想求实现而望其实现，必求证明其能实现，而人在生活中，亦尝多少证明其理想之恒为能实现者，由此而理想主义者，必信此理想连于一实现之之宇宙人生中一不可见之形上的真实存在。此中，以人之理想有异同，有大小高低，则其所见之此形上之真实存在，其内涵亦有异同，有大小高低……以人之理想，必有种种异同、大小、高低，而此种种形上学思想，与对之之宗教信仰，及所成之宗教生活，亦永有其不同，而亦永不能加以泯灭。"

综而言之，九境皆为生命心灵之感通所贯穿。一般地说，"九境最后根源之在吾人当下生活之理性化、性情化中，所昭露之神圣心体"。不过，感通于不同境界的心体，是具有高下

136

之别的，并不必均为道德之心，甚至不一定为自觉之心，而可为非自觉的觉他心或非道德的功利心。基此，觉他心或功利心亦为生命心灵活动进程的必然阶段，由此形成的知识论、形上学、人生哲学也都有其存在的合理性。但是，承认觉他心或功利心的必然合理，根本不意味着赞成生命心灵便可滞留于此；毋宁说，生命心灵倒是必须尽快超越于此。唐君毅在陈述生命心灵于客观境、主观境的种种表现之后，指出："凡此上述之思想，皆非本书之所尊尚，而以为人之顺理而思，以成其哲学者，所必当越之而过。然亦人必先有此诸思想，然后可越之而过。故此类之思想，亦原当有，故吾亦不绝之。然为此类之说者，滔滔者天下皆是，必当自知其说之属于哲学中之下乘之境。吾亦必贬之，以使其不得阻人之思想之上达之机。不绝之，仁也；贬之，义也。皆理当如是，吾不能有私意也。"又说："由吾人之论之目标，在成就吾人生命之真实存在，使唯一之吾，由通于一永恒、悠久、普遍而无不在，而无限；生命亦成为无限生命，而立人极；故吾人论诸心灵活动，与其所感通之境之关系，皆所以逐步导向于此目标之证成。"可见生命心灵活动的指向在于道德提升，其极致则在于内在道德心体契合形上道德本体，成就天德流行的自然—人文宇宙。

唐君毅认为，人类古典文化正是体现着生命心灵的道德提升。从西方文化来看，"原彼希腊人之几何学与哲学，在柏拉图，原为人之向上望理念世界之至善至美之阶梯。即亚里士多德本理念或形式，以说明物类，亦在沿物类以上望此理念形式之自身之纯观照。故以能作此纯观照之哲学家之生活为最高。西方中古思想，缘柏亚之言观照理念形式，更上达，以归命于

137

神境，以保其内在之灵性。此即皆为一上转内转，以入于宗教道德性之精神生活之途。盖此希腊人所发现之理念形式，乃属一纯相、纯意义之世界。自此纯相、纯意义之超于具体事物而观，更沿之而上，即必向于遗弃外在而在下之物质世界，以向上向内，而入于深密的宗教道德生活之途"。从中国文化来看，"则由儒、释、道三教所形成之传统文化，其根柢在道德宗教境界。魏晋之玄学与传统之文学艺术，皆在高度之观照境。中国之科学技术之发明，亦多赖观照性的直觉，而较少计划性的实验……功利观念之当隶属于道义观念之下，在中国亦几为一普遍之人生哲学。在明代以前之中国，可谓为人类社会中，较合乎一人文理想之社会"。因此，生命心灵的道德提升不仅属于应然，亦且本为实然。

然而，生命心灵之应然且实然的道德提升方向，自西方文艺复兴之后即被根本扭转；这一趋势又随西方文化的日益走强而影响到整个现代世界。于是，"此人类所处之当前时代，可称之为一由吾人前所论之观照凌虚境，而向其下之感觉互摄境，以高速度的外转、下转，而至于自觉到人类世界之毁灭之有一真实可能之时代"。这种人类世界毁灭的可能，表现为人类运用从观照凌虚境中所获得的科学知识以及从感觉互摄境中所把握的物质能量来制造核弹、运用在功能序运境中所形成的功利意识来巧取豪夺、运用在依类成化境中所习得的分类方法来建立分立对峙的社会组织、运用在万物散殊境中所了解的个体观念来高标原子式的个人主义，所有这些又导致人类心理普遍的封闭、疑虑、冷漠与畏怖，"此皆为自文艺复兴以来，西方人之精神之外向、下向，所必然引致之社会文化之结果"，

"其逐步外转、下转至于今，而全离于近代以前之人之精神之上转、内转之一方向，则明导出一人类文化与全部人类世界之大危机"！

如欲解除人类面临的大危机，唐君毅认为，"在今日唯有真实之宗教道德与哲学智慧，能为一切专门之知识技术之主宰，以使社会中各分立之阶级、行业、职业中之个人，皆多少有其宗教上之笃实信念，道德上之真切修养及哲学智慧所养成之识见，互以广大高明之心境，相涵容覆载；然后人类世界得免于分崩离析，而破裂毁灭之虞"。值此之时，"则一能说明上述之一切宗教之共同之核心本质，说明如何有此与一切道德相感通之仁德之哲学，并说明此宗教道德与哲学智慧，当为一切知识技术之主宰之哲学理论，必当出现"。唐君毅在此对于时代哲学的期望，应该就是他对自己所创构的囊括人类各种生命心灵活动而又特别强调生命心灵的道德提升、将生命心灵活动的归宿系于心之本体之朗现的心灵九境体系的自我期许。正是由于创构了这一哲学体系，唐君毅成为无愧于当今时代社会的大哲。

君子曰终

1976 年夏秋时节，唐君毅咳嗽不止，服药也不见效，遂遵医嘱于 8 月 11 日进行 X 光透视检查，结果被确诊患有恶性肺癌。检查结果出来之后，唐夫人谢廷光女士几乎精神崩溃，远在美国的女儿安仁也是情绪反常，母女二人通电话时都泣不成声。但身患恶疾的唐君毅却表现得相当坦然和镇定，他向夫人细说儒家生死之道，略谓：儒家一贯从道德责任出发来对待生死，生则尽其在我，死则视死如归；且儒家肯定鬼神之存有，故生死之间虽幽明相隔，但死者与生者在精神上却仍能相通相续。要之，儒家是从超生死处看待生死，故恒能以我为主，而以生死为余事。唐君毅的慰解，使夫人稍得振作。而当安仁从美国赶到台北探望时，第一眼看到的是父亲正在校读《生命存在与心灵境界》的书稿，一点担心的样子都没有，这使安仁的心情也安定下来。

唐君毅一面以哲人的超然对待突如其来的厄运，保持方寸不乱；一面则扎扎实实抓紧完成未尽事宜，同时积极进行治疗调养。自获悉检查结果后，他当即戒除了多年养成的吸烟嗜好。8月14日，他偕夫人到沙田慈航净苑祭拜祖宗；17日，到律师事务所立遗嘱；20日，出席新亚书院董事会议，并接见报社记者谈香港中文大学改制问题；22日，偕夫人赴台北，入住荣民医院，准备接受手术治疗。其时《生命存在与心灵境界》一校样已经排就并送达，自8月24日至9月8日，唐君毅除诊治时间之外，即不停地校读这部洋洋八十余万字的书稿，终于赶在手术前一天完成了一校工作。

9月9日，唐君毅做了肺部切除手术，身体一度十分虚弱。半月后，伤口稍愈，他又开始接受放射治疗，常常弄得唇焦舌燥。对于所有这些治疗带来的痛苦，他都以巨大的毅力承受着，积极与医护人员配合，因此，他的治疗效果比较理想。10月上旬，他的身体状况逐渐好转，于是又开始读书会客、谈古论今。当《鹅湖》月刊社一批青年学者前来探望时，他对他们特别谈到躬行践履在为人为学方面的重要意义，并批评那种专在知解上用功的学问方式。至11月8日，放射治疗告一段落，唐君毅乃离开医院，入住剑潭青年活动中心休养，此间他常以书信方式对新亚诸生进行指导。12 月 5 日，他便与夫人一道返回香港了。此次赴台治疗，历时三个半月，唐君毅自感效果不错，亲人和师友也都期盼着奇迹的出现。

1977 年 2 月 1 日，唐君毅遵照医嘱，偕夫人再赴台北荣民医院复查身体。其时方东美先生也因相同疾患入住该院，唐君毅即前往探望这位自己早年的师长兼后来的同事，送上各种抗癌药物及补品。后来方先生于当年 7 月 13 日逝世，唐君毅伤悼不已，挽之曰："从夫子问学五十年，每忆论道玄言，宛若由天而降；与维摩同病逾半载，永怀流光慧日，为何弃我先沉！"又力疾写作《有关方东美先生之著述二三事》一文，以为纪念。复查期间，《生命存在与心灵境界》的二校样送达，唐君毅便抓紧时间校阅书稿，并将校样按时交还了出版社。

3 月 1 日，复查结果出来，诊断唐君毅来日无多，且将痛苦很大。唐夫人为此又感伤心，但唐君毅宽慰她说西医的诊断不可尽信，并立即转求中医治疗，服药之外，辅以体操锻炼，身体状况竟日见起色。当然，在思想深处，唐君毅对自己病况的严重性也并非没有预知，他一面力求康复，一面对自己身后的归宿作了安排。限于当时的情势，他交代亲友，自己死后，一定要葬在台湾，因为台湾是中国的国土，是自己作为中国人的叶落归根之所在。4 月 11 日，他在学生陪伴下参拜台北孔庙。迈着沉着的步履，他流连于大成殿、崇圣祠和东西两庑诸多先圣先贤塑像前，久久不忍离去，目光中流露出无限的思慕与向往，这既是告别，也预示着回归。

4 月 25 日，唐君毅返回香港，以病弱之躯投入工作。秋季学期开学后，他仍坚持为新亚研究所诸生讲授"中国哲学问题"和"经子导读"两门课程。每周两次上课，他都要爬上五楼教室。徐复观先生担心他的身体，劝他不必再授课，但他答复说"不上课，心里总感到不安"。后来实在撑持不住，便将授课地点改在二楼图书馆内，但课程是一直讲到学期结束为止，从未中辍。

1978 年 1 月间，唐君毅肺部的癌细胞已经扩散，引发剧烈咳嗽，气促乏力。他在香港本地医院稍作处理后，仍然回家休养。当时已近农历新年，他连日给远方师友写贺年卡，题赠"努力崇明德，皓首以为期"或"努力崇明德，时时爱景光"，相互勉励。2 月 1 日，他如往常一样浏览报纸，当读到大陆开始重新评价孔子的报道时，心中激起无限希望，随即吩咐身边的学生将自己的著作分寄大陆图书馆，并鼓励学生们日后回大陆教书育人，提倡人文精神。当天他还集古人诗句撰成两副春联，其一曰"室有山林趣，人同天地春"，另一曰"读书何必求甚解，鼓琴亦足以自娱"，让学生张贴起来。晚上，他与夫人对坐闲话，忆及自己生平最为感佩的三位前辈：一位是美国老哲学家威廉·霍金先生，1957 年唐君毅访问美国时与霍金先生谈及中国传统文化的沦落，霍金先生竟难过得泪流满面，使得唐君毅深受感动；另一位是日本汉学泰斗宇野哲人先生，1959 年唐君毅赴夏威夷开会途经东京，应宇野精一之邀拜望其父宇野哲人先生，老先生春风煦日般的气象以及宇野家中雍雍穆穆的氛围，使得唐君毅感叹不已；第三位是梁漱溟先生，1925 年唐君毅在北京求学，曾受到梁先生的关照，这使唐君毅终生铭感。当夜，唐君毅气喘难安，不能成眠，夫人陪伴他，劝他观想圣哲形象以便入静。唐君毅答曰：此时最好观想佛像，因为佛像俯视，慈悲静穆，不使人起念；而孔子形象远视前方，使人有栖栖遑遑、时不我待之感；耶稣形象总是处在苦难之中，更使人不安。说着闲话，夫人朦胧入睡。凌晨五时半，唐君毅突然气喘大作，夫人惊醒，赶紧打电话求救，转身再看唐君毅，已经一口气接不上来而一瞑不复视了。一代大哲就这样遽归道山，时为1978年2月2日（农历十二月二十五日），按照公历计算，唐君毅享年70岁。

唐君毅的去世，在港、台和海外华人学界引起很大反响，发给治丧委员会的唁电、唁函纷至沓来。2月12日，唐君毅大殓仪式在九龙世界殡仪馆举行，香港各界两千多人前往祭吊，牟宗三先生主祭，徐复观先生代表治丧委员会撰写《唐君毅先生事略》。挽联、花圈布满礼堂。按照唐君毅的遗愿，他的灵柩由新亚师生于3月11日护送至台北，次日在台湾大学举行了追悼会。3月13日，唐君毅的灵柩落葬于台北观音山朝阳墓园。从祖国西南宜宾山水间诞育的一代大哲，终于在祖国东南的宝岛台湾获得了永恒的安憩。

唐君毅去世后，牟宗三先生随即发表《悼念唐君毅先生》一文，论之曰：

> 唐先生是"文化意识宇宙"中之巨人，亦如牛顿、爱因士坦之为科学宇宙中之巨人，柏拉图、康德之为哲学宇宙中之巨人。吾这里所谓"文化意识宇宙"与普通所谓"文化界"不同，文化意识不同于文化。这一个文化意识宇宙是中国文化传统之所独辟与独显。它是由夏商周之文质损益，经过孔孟内圣外王

成德之教，而开辟出。此后中国历史之发展，尽管有许多曲折，无能外此范宇，宋明儒是此宇宙中之巨人，顾、黄、王亦是此宇宙中之巨人。唐先生是我们这个时代此宇宙中之巨人。唐先生不是此宇宙之开辟者，乃是此宇宙之继承与弘扬者。没有科学传统，不能有牛顿与爱因士坦之为科学宇宙中之巨人。没有希腊哲学传统，不能有柏拉图与康德之为哲学宇宙中之巨人。同样，没有中国文化传统，亦不能有唐先生之为此时代所需要弘扬之文化意识宇宙中之巨人。唐先生之继承而弘扬此文化意识之内蕴是以其全副生命之真性情顶上去，而存在地继承而弘扬之……他在痛苦的奋斗中耗损了其有限的生命，然而其文化意识宇宙中的巨人身份却永垂于不朽。

牟文一出，"文化意识宇宙中之巨人"一语，便成为对于唐君毅人格思想及其平生事业的定论。唐君毅的一生，正是在"观乎天文以察时变，观乎人文以化成天下"的文化意识宇宙中，接续孔孟内圣成德之教而执着地开拓价值之源，并依此价值之源而进行道德实践以期化成天下的一生。

《礼记·檀弓上》载："子张病，召申祥而语之曰：君子曰终，小人曰死。吾今日其庶几乎。"孔颖达疏曰："若君子之死，谓之为终，言但身终，功名尚在。若小人之死，但谓之为死，无功名可录，但形骸渐尽也。"唐君毅的形骸诚然亦已渐尽，但他的恻怛情怀、道德理想、深弘哲思、博大学问以及谆谆教言，将与他的皇皇巨著一道长存于天壤，启沃后人去实现一个人文化成的天下。

附 录

年 谱

1909 年（光绪三十四年）　1 月 17 日生于四川省宜宾县柏溪镇。半岁后随父母离老家迁居成都。

1919 年　春，入省立第一师范附属小学。

1921 年　秋，考入重庆联合中学。

1924 年　在重庆联合中学校刊发表第一篇论文《荀子的性论》。返乡向大伯母行过继礼。

1925 年　毕业于重庆联合中学，赴北京就读，先入中俄大学，后考入北京大学哲学系，师从熊十力等先生。

1927 年　春，到南京探望父母弟妹，转读东南大学（后改名中央大学）哲学系。

1928 年　因政见不合与未婚妻刘志觉分手，复因身体多病，有自戕之念，函告父母，母亲即携两岁幼女自成都赴南京看望，途中历尽艰辛，由是悔愧，暑期乃送母亲返回。

1929 年　暑假后回成都休学一年，受时任四川大学中国文学院教务长蒙文通先生之聘，在四川大学讲授西洋哲学史。发表《孟子言性新论》。

1930 年　返南京复学。发表《柏格森与倭铿哲学之比较》等文。

1932 年　毕业于中央大学哲学系，返成都任教于中学。

1933 年　冬，回中央大学任助教。主编《文化通讯》。发表《真伪问题》等文。

1934 年　出版《中国历代家书选》。发表《三论宗与柏拉得莱现象论之比较》《中国民族自救运动之最后觉悟》《治中国哲学应改变之几种态度》《诗人与词人》《中国今后所需介绍之西洋思想》等文。

1935 年　发表《中国艺术之特质》《中国文化根本精神之一尝试解释》《论不朽》《二十世纪西洋哲学之特质》等文。

1936 年　发表《庄子的变化形而上学与黑格尔的变化形而上学之比较》《论中西哲学中本体观念之一种变迁》《中国宗教思想之特质》《论中国艺术之特色》《老庄易庸形而上学之论证结构》等文。

1937 年　8 月离职，返回成都，先后在华西大学以及成都、成公、天府、蜀华等中学任教。与蒙文通、周辅成等师友创办《重光》月刊，宣传抗战。发表《中国哲学中自然宇宙观之特质》《朱子道体论导言》等文。

1938 年　与谢廷光确立恋爱关系。发表《中西伦理哲学问题之不同》等文。

1939 年　暑期赴重庆任教育部特约编辑。发表《中西哲学问题的分野》《中西哲学中关于道德基础论之一种变迁》。

1940 年　结识牟宗三先生。10 月，受中央大学哲学系主任宗白华先生邀请，重入迁驻于重庆沙坪坝的中央大学任讲师，讲授中国哲学史及哲学概论。发表《如何了解中国哲学上天人合一之基本观念》等文。

1941 年　升任副教授。发表《物质与生命》等文。

1942 年　创办《理想与文化》杂志。

1943 年　与谢廷光结婚。出版《中西哲学思想之比较论文集》。发表《心在自然之地位》《略论中国哲学与中国文学之关系》等文。

1944 年　升任中央大学哲学系教授，担任系主任。引荐牟宗三先生进入该系。出版《人生之体验》《道德自我之建立》二书。发表《中国文化中之艺术精神》《辨心之求真理》等文。

1945 年　假托"克伦罗斯基"一名出版《爱情之福音》。发表《易传之哲

学浅释》《中国原始民族哲学心灵状态之形成》《孟子性善论新释》
《中国原始民族哲学思想之特征》等文。

1946年 夏,到灌县灵岩书院讲学。年底返回中央大学哲学系。发表《宋
明理学之精神论略》《易经经文所启示之哲学思想》《略辨老庄言道
之不同》《汉代哲学思想之特征》等文。

1947年 秋,请假一年,转聘为无锡江南大学教授,任教务长。发表《中
国古代民族之凝合意识》《朱子之理先气后义疏释》《中西文化之不
同论略》《论墨学与西方宗教精神》《王船山之性与天道论通释》《中
国科学与宗教不发达之古代历史之原因》等文。

1948年 春,江南大学礼堂发生坍塌事故,临危不惧,指挥学生疏散。
夏,亲往江西省铅山县鹅湖书院,筹备恢复事宜。秋,返回中央大
学,仍在江南大学兼课,并继续筹划恢复鹅湖书院事宜。冬,中央大
学宣告停课。发表《中西文化之一象征》《泛论阳明学之分流》《论
中国原始宗教信仰与儒家天道观之关系,兼释中国哲学之起源》
等文。

1949年 4月,应广州华侨大学校长王淑陶之邀,与钱穆同往讲学。6月,
与钱穆同赴香港,任教于华侨工商学院。8月,返广州,与李稚甫商
议开办孔学院未果。9月,再赴香港。10月,与钱穆、张丕介等创办
亚洲文商夜学院,钱穆为院长。发表《王船山之文化论》《王船山之
人道论通释》《道德意识通释》《从科学的世界到人文世界》《人文世
界之内容》《论家庭之道德理性基础》等文。

1950年 春,亚洲文商夜学院改组为新亚书院,任教务长及哲学教育系主
任。冬,开设新亚书院文化讲座,主持其事,三年间共办一百三十九
次讲座,由孙鼎宸记录整理并经主讲人修订,编印成《新亚书院文化
讲座录》。发表《孔子与人格世界》《略论真理之客观性与普遍性》
《宗教精神与人类文化》《中国近代学术文化精神之反省》《人类宗教
意识之本性及其诸形态》等文。

1951 年　发表《西洋文化精神之发展》《中国艺术精神下之自然观》《中国艺术精神》《中国文学精神》等文。

1952 年　在经济极度艰难的情况下，新亚书院于夏季举行第一届毕业典礼，毕业生凡三位。受香港大学中文系主任林仰山之邀，兼任该校中国哲学教授。发表《我所了解之新亚精神》《人类的创世纪》《论西方之人格世界》《论中国之人格世界》《如何了解儒家精神在思想界之地位》《论接受西方文化思想之态度》《宗教精神之伟大》《自由、人文与孔子精神》《纪念意大利名哲克罗齐逝世》《人文与民主之基本认识》《中国传统社会文化之精神》《自然与人文》《五四谈青年教育》《说人生在世之意义》《西维宅论现代文明生活的弊端》《中国智识分子如何而有气概》等文。

1953 年　在美国驻香港的亚洲协会资助下，新亚书院成立新亚研究所；此后又获美国耶鲁大学雅礼协会资助，新亚书院经济状况逐渐改善。出版《中国文化之精神价值》。发表《西方文化之根本问题》《印度与中国宗教道德智慧之方向》《中西社会人文与民主精神》《学术思想之自由与民主政治》《科学意识与道德理性》《文学艺术与道德理性》《人心如何会求真善美》《精神与文化》《学问与哲学》等文。

1954 年　出版《心物与人生》。发表《我对于哲学与宗教之抉择——〈人文精神之重建〉后序兼答客问》《人类精神之行程》《罗近溪之理学》《张横渠之心性论及其形而上学之根据》《略说学问之生死关》等文。

1955 年　出版《人文精神之重建》。发表《论人生中之毁誉现象》《爱情之真谛》《致谢扶雅先生论宗教书》《中国历史之哲学的省察》《心灵之开发与心灵之凝聚》《科学与中国文化》《论中国哲学史中理之六义》《六十年来中国青年精神之发展》《悲观主义与乐观主义》等文。

1956 年　夏，在新亚书院成立人学会，定期聚会，讲论成圣成贤之学。8月，赴台湾访问。发表《孟墨庄荀言心申义》《我们的精神病痛》《中国人的心情向世界宣诉的开始》《论精神上的大赦》《精神上的合内外之道》《略论中国佛教教理之发展》《宗教信仰与现代中国文化》《我所喜爱的人生哲学》《我所感之人生问题》《说仁》《中西文化之一象征》《中西文学家艺术家之人格型》《述江右王门学》《王塘南与王一菴》等文。

1957 年　2 至 8 月，出访日本、美国和欧洲等国。出版《青年与学问》。发表《略述明道与横渠之学之不同》《略述伊川之学》《先秦思想中之天命观》《东方文化的优点》《道德生活之基础》《论孔学精神》等文。

1958 年　元旦，与张君劢、牟宗三、徐复观联名在《民主评论》和《再生》同时发表《中国文化与世界——我们对中国学术研究及中国文化与世界文化前途之共同认识》宣言。出版《中国人文精神之发展》《文化意识与道德理性》。发表《人类社会科学与人的学问及人的真实存在》《死生之说与幽明之际》《人生之真实化》《民主理想之实践与客观价值意义》《谈西方哲学家对中国文化之认识》《恕的意义》等文。

1959 年　6 月，参加在美国夏威夷举行的第三次东西方哲学家会议，宣读《中国哲学精神价值观念之发展》。发表《中国人文精神之发展》《论价值之存在地位》《自然进化与文化兴亡》《一个堂堂正正的中国人》《世界人文主义与中国人文主义》《对未来教育方针的展望》等文。

1960 年　积极鼓励成立新亚书院国乐会，任顾问。发表《墨子小取篇论"辩"辨义》《论知识中之真理之意义与标准》《价值之分类与次序》《意志自由问题释疑》《价值选择之原则》《人道之实践之始点》《儒家之形上学之道路》《辩证法之类型》《音乐与中国文化》等文。

1961 年　5 月，辞去新亚书院教务长一职。8 月，赴台湾参加阳明山会谈。应台北中国道德励进社邀请，作"人文世界与道德世界"演讲。应政治大学邀请，作"中西文化之冲突与协调"演讲。出版《哲学概论》（上下册）、《人生之体验续编》。发表《说中华民族之花果飘零》《哲学之方法与态度》《间隔观及虚无之用与中国艺术》等文。

1962年 8月，东方人文学会成立，任会长。发表《说成事中的道德实践》《论智慧与德行之关系》《事实之意义之主观性与客观性》《艺术的独特性能》等文。

1963年 10月，受聘为香港中文大学哲学系讲座教授兼哲学系系务会主席，并被选为第一任文学院院长。发表《荀子正名与先秦名学三宗》《儒家之学与教之树立与宗教纷争之根绝》《历史事实与历史意义》《学术标准之外在化与花果飘零及灵根自植》等文。

1964年 2月，母亲在苏州逝世。6月，赴夏威夷参加第四次东西方哲学家会议，宣读《中国方法论中之个人与世界》论文。发表《花果飘零及灵根自植》《中国哲学研究之一新方向》《人文学术之分际》等文。

1965年 6月，赴韩国汉城高丽大学参加亚洲近代化问题国际会议，宣读《儒学之重建与亚洲国家之近代化》论文。发表《白沙在明代理学之地位》《艺术宇宙与文学宇宙之形成》《中国先哲对言默之运用》《中国先哲对言默之运用与墨庄孟荀之辩"辩"》等文。

1966年 3月，左眼视网膜脱落。4月偕夫人赴美国哥伦比亚大学做访问教授，兼治眼疾，并游历美国。6月，在伊利诺伊大学参加明代思想会议，宣读《从王阳明到王龙溪之道德心之概念之发展》论文。同月，赴东京与日本学者讨论中国文化。12月，赴日本京都医院治疗目疾。出版《中国哲学原论·导论篇》。

1967年 在日疗养八个月，撰写《病里乾坤》。发表《朱陆异同探原》等文。

1968年 任新亚研究所所长，直至去世。出版《中国哲学原论·原性篇》。发表《阳明学与朱陆异同重辨》《论老子言德道之四层面》《朱子与陆王思想中之一现代学术意义》。

1969年 7月，赴东京检查目疾。后赴夏威夷出席第五次东西方哲学家会议。发表《略释诚明》《存在主义与现代文化教育问题》等文。

1970年　夏，赴大阪检查目疾。后参加由美国哥伦比亚大学狄百瑞教授举办的17世纪中国思想会议，宣读《刘宗周道德心之学说与实践及其对于王阳明之批评》。发表《存在主义与现代文化问题》《论道家思想之起原与其原始型态》《辨孔子教中之求仁之道及其言天命鬼神涵义》《翻译与西方学术殖民主义》等文。

1971年　发表《东方人之礼乐的文化生活对世界人类之意义》《荀子言心与道之关系辨义》《中国教育史上之私学与官学》《辨墨学中之义道》《海外之中华儿女应为创造二十一世纪之人的中国而发心努力》等文。

1972年　6月，赴夏威夷参加王阳明五百周年学术讨论会，宣读《同代学者对于王阳明之教所提出之疑难》。发表《儒家之能立与当立》《天下归仁》《谈中国现代社会政治文化思想之方向与海外中国知识分子对当前时代之态度》《孟学中之兴起心志与立人之道》等文。

1973年　新亚中学成立，为之作校歌。8月，赴日本京都检查目疾，至东京出席中日民族文化会议，宣读《西方文化对东方文化之挑战及东方之回应》。9月，赴瑞士苏黎世参加国际文化研究会。将母亲遗诗汇编为《思复堂遗诗》予以出版。出版《中国哲学原论·原道篇》。发表《中国文化之精神及其发展》《中国文化精神及其发展余论》等文。

1974年　秋，以哲学系讲座教授从香港中文大学退休，专心办理新亚研究所。9月，赴台湾参加中日文化交流会，宣读《中日文化关系之过去现在与未来》。同月赴日本东京参加世界文化交流会，宣读《中国思想中之自然观》。重刊父亲遗著《孟子大义》，作《孟子大义重刊记及先父行述》。出版《中国文化之花果飘零》。发表《孔子诛少正卯传说之形成》《中国文化与现代化问题》《现代世界文化交流之意义及其根据》《孔子诛少正卯问题重辨》等文。

1975年　为新亚书院在香港中文大学中的地位与港府交涉。4月至6月，应聘为台湾大学哲学系客座教授，赴台湾讲学。支持成立《鹅湖》月刊社，在该社第一次学术演讲会上讲"中华文化复兴之德性基础"。在佛光山丛林大学演讲"东方文化复兴之新机运"。在台南成功大学演讲《孔子在中国历史文化中之地位的形成》。在高雄师范学院演讲《师友之道与中国文化》。在台中东海大学演讲《世运国运与文运》。出版《中国哲学原论·原教篇》《中华人文与当代世界》。发表《重申孔子在中国历史文化中之原始地位》《泛论言说之不同方式》等文。

1976年 8月，被诊断为肺癌。9月赴台湾做手术，12月返港。发表《书生事业与中国文化》《略谈宋明儒学与佛学之关系》《成实论之辨假、实、空、有与中论之异同》《从科学与玄学论战谈张君劢先生的思想》等文。

1977年 2月，赴台体检。出版《生命存在与心灵境界》。发表《有关方东美先生之著述二三事》《生命三向与心灵九境》《略谈宋明清学术的共同问题》《谈中国佛学中之判教问题》《中国文字与中国文学》等文。

1978年 2月2日（农历丁巳年十二月二十五日）病逝，2月12日在九龙世界殡仪馆大殓，3月11日灵柩运抵台北，3月12日在台湾大学举行追悼会，3月13日落葬于台北观音山淡水河畔之朝阳公墓。

主要著作

1.《唐君毅全集》三十卷，台北学生书局出版：

卷一《人生之体验》，1985年；

卷二《道德自我之建立》，1985年；

卷三《人生之体验续编　人生随笔》，1984年；

卷四《中国文化之精神价值　中国文化与世界》，1989年；

卷五《人文精神之重建》，1989 年；

卷六《中国人文精神之发展》，1988 年；

卷七—卷八《中华人文与当今世界》，1988 年；

卷九—卷十《中华人文与当今世界补编》，1988 年；

卷十一《中西哲学思想之比较论文集》，1988 年；

卷十二《中国哲学原论·导论篇》，1986 年；

卷十三《中国哲学原论·原性篇　中国哲学中人性思想之发展》，1989 年；

卷十四—卷十六《中国哲学原论·原道篇　中国哲学中之“道”之建立及其发展》，1986 年；

卷十七《中国哲学原论·原教篇　宋明儒学思想之发展》，1990 年；

卷十八《哲学论集》，1990 年；

卷十九《英文论著汇编》，1988 年；

卷二十《文化意识与道德理性》，1986 年；

卷二十一—卷二十二《哲学概论》，1989 年；

卷二十三—卷二十四《生命存在与心灵境界》，1986 年；

卷二十五《致廷光书　书简》，1990 年；

卷二十六《书简》，1990 年；

卷二十七—卷二十八《日记》，1988 年；

卷二十九《年谱　著述年表　先人著述》，1990 年；

卷三十《纪念集》，1991 年。

2.《文化意识宇宙的探索：唐君毅新儒学论著辑要》，张祥浩编，中国广播电视出版社，1992 年。

3.《唐君毅集》，黄克剑等编，群言出版社，1993 年。

4.《中国现代学术经典·唐君毅卷》，黄克剑编，河北教育出版社，1996 年。

5.《说中华民族之花果飘零》，台北三民书局，2005 年。

6.《人生三书》（人生之体验、人生之体验续编、道德自我之建立），中国社会科学出版社，2005年。

7.《文化意识与道德理性》，中国社会科学出版社，2005年。

8.《哲学概论》（上下），中国社会科学出版社，2005年。

9.《中国哲学原论·导论篇》，中国社会科学出版社，2005年。

10.《中国哲学原论·原性篇》，中国社会科学出版社，2005年。

11.《中国哲学原论·原道篇》（上下），中国社会科学出版社，2006年。

12.《中国哲学原论·原教篇》，中国社会科学出版社，2006年。

13.《生命存在与心灵境界》，中国社会科学出版社，2006年。